U0360539

保险机构

数字化转型

——实践与策略——

杨 农　刘绪光　王建平 ◎著

清华大学出版社
北京

内 容 简 介

本书深入调研财产险、人身险、互联网保险、保险中介、保险科技等各类从业机构，提炼保险业数字化转型内涵和框架，分析行业现状与市场格局，研判行业优秀实践案例，并结合咨询公司的良好实践和转型成熟度方法论，提出保险行业数字化转型的逻辑框架和实施路径，旨在帮助各类保险行业从业机构，构建适合自身禀赋的成功路径，在高质量发展之路行稳致远。全书兼顾政策性、理论性、前瞻性和操作性，可作为广大保险业从业人员开展数字转型工作的参考书、案例库和工具箱。

图书在版编目(CIP)数据

保险机构数字化转型：实践与策略 / 杨农，刘绪光，王建平著 . —北京：清华大学出版社，2022.9

ISBN 978-7-302-61586-6

Ⅰ. ①保… Ⅱ. ①杨… ②刘… ③王… Ⅲ. ①保险公司－企业管理－数字化－研究 Ⅳ. ① F840.31

中国版本图书馆 CIP 数据核字 (2022) 第 146793 号

责任编辑：陈　莉
封面设计：周晓亮
版式设计：方加青
责任校对：马遥遥
责任印制：沈　露

出版发行：清华大学出版社
　　　　　网　　　址：http://www.tup.com.cn，http://www.wqbook.com
　　　　　地　　　址：北京清华大学学研大厦 A 座　　邮　　编：100084
　　　　　社 总 机：010-83470000　　邮　　购：010-62786544
　　　　　投稿与读者服务：010-62776969，c-service@tup.tsinghua.edu.cn
　　　　　质 量 反 馈：010-62772015，zhiliang@tup.tsinghua.edu.cn
印 装 者：三河市东方印刷有限公司
经　　销：全国新华书店
开　　本：148mm×210mm　　印　　张：6.75　　字　　数：151 千字
版　　次：2022 年 10 月第 1 版　　印　　次：2022 年 10 月第 1 次印刷
定　　价：68.00 元

产品编号：096920-01

序

数字化转型赋能保险 穿越市场低增长迷雾
——大数据时代保险机构数字化转型的方法论

近年来，中国保险市场告别高增长时代，呈现出增速放缓的趋势。如何穿越市场低增长迷雾，迈向高质量发展的新征程，是保险行业内外关注和思考的焦点。其中，由杨农博士、刘绪光博士、王建平先生合著，清华大学出版社出版的《保险机构数字化转型：实践与策略》一书，对上述问题做出了积极的理论思考与实践求索。立足于保险行业服务实体经济、"金融为民"的初心使命，该书对新形势下保险机构数字化转型的内涵、原理、策略、路径与评估框架进行了系统的调研与剖析，细致刻画了大、中、小、新不同类型保险机构在数字化转型不同阶段面临的供需矛盾与不平衡、不充分的问题，回答了大数据时代保险机构数字化转型"四个为什么"，并提供了辅助机构数字化转型升级的实操良策与工具箱。

一、回答了大数据时代保险机构数字化转型"四个为什么"

数字化的发展过程本身就是一个生产力重塑生产关系的过程。对保险业而言，机构数字化需要不断面临全新的挑战与机遇。以自动驾驶为例，数字驱动下的新兴驾驶和交通模式，将对传统车险带来一系列变革与转型，此轮数字化冲击无疑将贯穿财产保险、人身保险和网络空间保险领域。本书紧扣保险机构数字化的本质，回答了大数据时代保险机构数字化转型升级的四个关键问题。

（一）回答了"什么是保险机构数字化转型"

数字化转型的内涵与边界是什么？这是目前各行业都在探寻的一个普遍性问题，对于问题本身的界定高度会直接影响相关行业数字化转型升级的思路和出路。本书抓住了保险机构数字化转型的关键："行业生态之变"。在开篇的第一章就阐述了保险机构数字化转型的内需力量。正如书中所指，这是一个实现业态"重构"、价值链"重塑"、经营基础"重整"及体验"重新定义"的过程。拥抱数字化变革是行业的必答题。

要真正理解什么是保险机构数字化转型，本书的第一章和第二章非常值得一读。第一章论述了数字化转型的必然性和在数字经济体系中数字保险的重要性；探讨了数字科技因何会成为保险业创新的行动力，并且对新冠肺炎疫情下保险数字化转型的特征和趋势进行了梳理。第二章则从数据、数字化与数字化转型的内在逻辑，数字化转型的内涵，保险机构数字化转型的战略框架，转型业务的痛点和难点，关键核心能力和支撑体系等方面全面、系统地回答了"什么是保险机构数字化转型"，让读者能够"知其然知其所以然"。

（二）回答了"为什么保险机构要数字化转型"

大数据的发展，新技术的不断融合应用，一方面有助于保险行业整体快速、有效地获取不同领域、不同行业和应用场景的数据信息，更好地克服信息不对称对风控和定价的干扰。另一方面，也引起了保险分解的现象，即保险业价值链在不同场景下、不同数据方、不同机构间的分工细化与资源重配。从这个意义上讲，数字化将影响保险业的每一个环节。

本书通过理论与实践案例相结合的方式，对保险机构经营模式受到的挑战进行了逐一呈现。回看过去十余年，传统的承保过程几乎已经全部数字化，这对保险业来说是全新的挑战。基于本书从需求端的一系列分析，读者可以明显体会到，在大数据时代，用户对保险的需求并没有消失，而且需求的内容更加多样化、个性化，这是保险机构数字化转型最直接的动力来源。

(三) 回答了"需要什么样的保险机构数字化转型"

数字化对保险价值链的冲击是全方位的，涉及传统保险价值链的产品研发、承保、核保、理赔、运营等诸多方面。总体而言，保险机构的数字化转型需要应对四个变化：一是要应对客户需求的变化，包括客户需求多元化、核心用户年轻化、险种配置组合化、配套服务专业化等；二是要应对保险市场的变化，包括保险公司盈利空间缩减、利差损风险加大，获客成本增加、市场份额下滑，信用风险加大、市场压力增加等难题；三是要应对营销方式的变化，主要涉及传统代理人渠道发展瓶颈，提升网销渠道的客户转化率和产品同质化等问题；四是要应对监管政策变化，当前保险监管严的基调一以贯之，对保险行业转型提出明确要求，要运用科技手段提升服务能力，保险机构的数字化转型需要满足较高的合规要求。

本书第三章到第七章深入探讨了如何应对上述变化，勾勒出了保险机构"需要什么样的数字化转型"。第三章介绍了国际保险业数字化转型的趋势与经验，引导读者去思考保险机构数字化转型该如何应对国际大势的变化。第四章至第七章，先后从本土实践、保险为民、价值释放、专题研究四个方面阐述了保险机构怎样应对客户需求变化、保险市场变化、营销方式变化和监管政策变化，值得读者认真品读。

(四) 回答了"怎样通过保险机构数字化转型实现高质量发展"

保险业的高质量发展是数字化转型的重要目标。本书在探讨保险机构数字化怎样实现保险业高质量发展时，通过保险科技服务"三农"，注入汽车产业链，创新健康保险服务，赋能智慧城市和商业养老等具体的行业案例，让读者清晰地认识到保险机构数字化转型不是单一业务或者单一环节的数字化改造，不是机械地复刻互联网模式，更不应只将重点放在产品销售的数字化转型等。保险业的数字化转型，既是"外功"，又是"内功"。

二、揭示了大数据时代保险机构数字化转型面临的四个挑战

作者通过行业调研发现，大部分中小型保险公司的数字化转型都遇到了一些共同性的挑战。转型"趋同化"、建设"分散化"、机制"零散化"、投资"短期化"是主要表征。本书梳理了大量的数字化转型的鲜活案例，努力为读者提供数字化转型升级的详细参照，探寻切实可行的应对方案与转型路径。

(一) 转型"趋同化"

本书指出，当前我国保险行业整体数字化转型的引领者是头部保险机构或大型保险集团，中小型保险公司普遍处于吃力跟随的状态，多数是迫于"生存"压力而在被动式升级，而且模式趋同，难以形成差异化的竞争实力和转型红利。这一现象其实从具体的保险展业过程就可观察。如当前保险行业的线上销售广泛采用基于机器

学习的推荐算法模型，但中小公司的应用效果差强人意。其自身对线上推荐算法模型的使用受制于平台本身，缺乏差异化的设计能力，因而投入成本与实际获客回报率难以形成正向循环。造成这种情况的因素是多方面的，有对自身业务特色理解不够深入的原因，也有对数字化升级模式缺乏系统认知等因素。

（二）建设"分散化"

我国保险机构的数字化过程是一个跨越式、快速迭代发展的过程。对此，本书并不只是从局部给予优化方案，而是将答案分散到了诸多章节。引导读者从理解保险行业数字化转型的背景、内生动力入手，逐步了解保险业数字化转型的内涵与框架、现状与挑战、国际趋势与经验等，在系统把握当前保险机构数字化转型的发展后，探寻适合自身企业的答案。这个阅读过程其实也是一个专业咨询的过程。通过阅读本书，相信读者会形成自己的解决方案。

（三）机制"零散化"

本书直指当前保险机构数字化转型机制不完善的问题。这些问题是否一定就是由主观因素造成的呢？如果我们翻阅目前可查阅的数字化转型研究报告，答案趋向肯定。但本书与以往大部分的研究不同，在剖析数字化转型机制建设的同时，也展示和分析了造成这一原因的客观因素。其中有在数字经济时代数据要素市场化配置优化不断发展带来的整个营商环境变化的原因，也有近年来保险机构经营模式转型，以及保险科技发展应用路径选择差异等探索性因素。通过阅读本书，读者对保险机构数字化升级过程中所产生的机制建设"零散化"会有更客观、全面的认识，也更容易探寻化解此问题的方法。

(四) 投资 "短期化"

这个问题对大部分中小型保险公司而言是难以回避的现实问题。本书基于行业调研，从一个大格局的系统化思考视角进行了总结。如果从系统建设的层次看，所有数字化转型的投资都会被分解为不同粒度的短期投资。为此，保险机构数字化转型升级，关键是框架设计要做好。

三、从点、线、面三个方面论述了赋能保险机构数字化转型升级的过程

(一) 数字化赋能保险的关键点

本书认为保险科技与互联网保险一脉相承，因而技术是数字化赋能的关键点。保险科技更侧重流程优化与精算辅助，运用大数据、人工智能、区块链、物联网、生物科技等新兴技术优化保险供应链，将保险机构原有业务流程的部分单元整合重塑，在实现提质增效的同时，开发拓展未被传统保险业务覆盖的新兴领域。

本书展示了科技 "点" 最终形成保险价值链的过程和意义。科技聚焦保险价值链，重塑产品设计、精算定价、销售管理、风险核保、出险理赔等环节，使保险变得更贴心、更便利、更普惠，从各个环节助力降低成本、缓释风险、提升效率和客户体验，对如智能语音客服、人脸识别、基于RPA(Robotic Process Automation)的流程自动化等方面均有相关论述。

(二) 数字化赋能保险的业务线

一是在数字化管理精细化方面，本书提出，新冠肺炎疫情在一定程度上将促进保险业的数字化转型升级。数字化转型赋能精细化

管理，是由过去的粗放型管理转变为聚焦自身能力的构建，加强精细化管理水平，强化科技和数据的开发应用，并实现科技创新与业务模式的高度契合，在客观上加速了数字化变革的进程。二是在渠道建设的数字化方面，本书着重探讨了怎样能够真正实现全渠道的协同经营与优化问题。三是营销队伍的数字赋能，本书将此问题放到整个保险公司组织建设、模式选择、制度完善、激励机制调整等方面来考量，从而可以为读者呈现一个全局的视角，使读者能够依托书中的案例，更能清晰地理解保险营销队伍的数字赋能的"有所为"和"有所不为"。四是产品服务的个性化和多层次化。个性化与产品的多层次化是不是越细越好呢？读完本书，读者会深刻地体会到应该怎样结合自身企业或组织的实际情况，开发成本合适的个性化、多层次化的产品。书中通过案例告诉读者，数字化时代保险产品的个性化、多层次化建设不是一劳永逸的，需要不断优化、久久为功。五是保险营销的精准化。本书以"阿尔法保险"为案例讲述了保险数字化营销怎样精准化的问题。这是一个人工智能大数据技术与客户需求精准分析有机结合的过程。业务分析能力与技术探析能力缺一不可。六是在后台服务的中台化建设问题上，本书提出了要加速数字化大中台的搭建。中台化建设的关键是组织架构的转型。这个过程要改变过去部门墙和以产品为中心的形态，向以客户为中心，大中台、小前台的敏捷组织转型。本书指出，中台化与云化是紧密结合的，中台建设要以能敏捷响应前端需求的变化为重要考量指标。

(三) 数字赋能保险的三个面

保险业务的数字赋能涉及三个关键面：数据面、业务面和监管面。本书在创建数据面强调了"融合"，在拓宽保险业务面着重探讨了"生态"，在做好保险监管面抓住了关键"合规"。

本书由科技"点"到业务"线"，最后形成数字赋能的领域"面"，向读者展示了保险机构数字化转型是一个制定新的战略重点，重塑各个业务环节，创新数字化的运营方式，拓宽销售渠道，推动流程的优化、促进新业务增长，不断扩大市场份额的过程。

正如本书所强调的，"保险姓保"是保险业安身立命的根基，也是行业价值的关键所在。保险机构的数字化转型升级之路，也是引导保险回归本源的过程。这是演进式的结构变迁，是"困数之斗"的突围。

周道许

清华大学金融科技研究院金融安全研究中心主任

原中国保险监督管理委员会政策研究室主任

2022年处暑

前　言

　　在数字经济成为经济发展新引擎的背景下，数字保险既是数字经济的重要组成部分，又需要为数字经济发展提供风险管理和保障服务。从这个意义上说，数字化转型已成为保险行业服务数字经济高质量发展的内生需求。自2017年以来，习近平总书记多次就"数字中国"作出重要论述和战略部署。在"数字中国"发展战略的引领下，各行各业开始逐步推进数字化转型，运用大数据、云计算、区块链、人工智能和物联网等信息技术提升业务拓展、运营管理效能，提高核心能力创新水平。保险行业也在积极培育数字化能力，在渠道、产品、服务、风控、生态等方面加速迭代，重塑竞争优势，努力实现高质量发展。

　　近几年，新冠肺炎疫情对国民经济和社会发展带来了深远影响。一方面，延期复工、隔离管控等疫情防控措施对保险机构的线下经营和销售带来冲击与挑战；另一方面，配合疫情防控提升了行业对数字化转型的认识与思考。为响应保险业渠道全时化、经营线上化的现实需求，本书作者深入调研财产险、人身险、互联网保险、保险中介、保险科技等各类从业机构，提炼保险业数字化转型的内涵和框架，分析行业现状与市场格局，研判行业优秀实践案例，并结合咨询公司的良好实践和转型成熟度方法论，提出框架性转型策略和实施方案。

数字化转型内涵丰富，综合主流观点，一般认为数字化是电子化和信息化的高阶模式。电子化主要是指传统的信息化建设过程，通过信息化系统实现所有业务的无纸化、标准化、线上化、自动化。数字化是将机构的资产和业务进行数字标签的过程，本质是将业务、资产数据化，旨在通过一系列数字技术应用与创新，实现组织架构、业务模式、内部流程升级改造，提升决策的科学性和服务质效的过程。本书综合国际咨询公司的方法论和国内领先金融机构的实践，提出保险行业数字化转型的逻辑框架和实施路径，主要包括战略重点突破、业务能力塑造和支撑体系培育三方面。

从战略规划角度看，保险行业数字化转型应重点聚焦解决业务的痛点和难点。结合业务前端的实际需求，主要可分为品牌宣传推广、客户体验、生态拓展、产品创新、成本优化五种模式。不同模式所需能力不同，保险机构在不同发展阶段可根据自身资源禀赋和业务侧重，采取不同的转型策略。

从业务能力要求看，保险行业数字化转型的关键核心能力主要包括10个方面。一是数字化客户洞察，典型实践有客户画像和基于客户洞察的智能决策；二是数字化营销，其关键能力与实践体现为数据营销分析、智能险顾引擎、营销活动管理、数字化内容管理和营销策略引擎；三是数字化生态，其构建可以从自有渠道构建、生态圈构建和能力开放三个方面展开；四是数字化产品创新，典型实践有产品原子化及组装创新、产品多层次精细化定价及核算、产品全生命周期管理；五是数字化资管，当前保险资产管理领域已实现从应用分析模型和信息系统向大数据、云计算和人工智能等新技术赋能的转变；六是数字化运营，典型实践有机器人流程自动化

(RPA)、协同作业平台、智能客服；七是数字化风控，即通过大数据分析建模及机器学习技术，识别承保、理赔业务中的风险模型，实现覆盖事前、事中、事后的全流程风险控制，支持智能辅助功能；八是数字化合规，包括数据整合及向量化、智能合规、智能稽核、处罚分级模型；九是数字化财务，当前保险行业正在探索利用与智慧财务相关的技术和工具来代替基础工作，从而释放更多资源，赋能业务经营；十是数字化职场员工，在新冠肺炎疫情发生后，许多保险公司已全面利用各种远程办公系统协同工作，部分公司还组织员工针对远程协作模式开展相应的培训，提高协同效率。

　　从中后台支撑体系看，保险行业数字化转型的支撑体系主要包括四个方面。一是数据资产管理，贯彻落实《中华人民共和国个人信息保护法》《中华人民共和国数据安全法》，保险公司应了解其数据资产全貌、价值并配备相应的管理制度及工具作为保障；二是数字化技术与架构，纵观业内发展，当前保险业技术及架构已呈现服务化、中台化、云化、智能化等特点；三是数字化组织与机制，主要包含数字工厂、科技加速器、科技公司三种典型模式；四是数字化团队与文化，引入数字化转型人才，搭建数字化转型团队，是保险行业数字化转型的重要组成部分。

　　纵观国际同业，部分头部保险机构在数字化转型的进程中已经积累了领先经验和实践，值得国内同行学习借鉴。为此，本书选取了大都会人寿、安联集团和美国国际集团为例，对这些公司的数字化战略及实施方法、组织架构进行研究和分析。另外，还重点对Lemonade等保险科技公司的数字化创新案例进行了梳理研判，聚焦大数据、人工智能、区块链、物联网等新兴技术在保险行业中的应用及其效果评估。同时，本书还对一些国际互联网保险公司的发展历程及领先实践进行了分析，总结了国外互联网保险的发展模式。

聚焦国内实践，当前保险行业生态内各类供给主体基于自身资源、技术、场景等优势，顺应数字化转型趋势，在产品设计、营销宣传、核保理赔、精算定价等业务领域不断探索，推动行业更好地适应创新驱动下的数字经济保障需求。通过对典型案例的分析，本书总结提炼出行业各类供给主体数字化转型的现状与特点，并指出其面临的挑战。一是传统保险公司基于既有业务优势，通过"保险+科技"的探索和创新优化原有作业模式；二是专业互联网保险公司以"科技+场景"为特色，寻求互联网保险的独特发展之道；三是中介公司寻求两端突破，一方面建设数字化平台，另一方面细分市场和需求场景，深耕细分领域，努力形成在特定产业链环节的比较优势；四是保险科技公司作为行业数字化转型的技术升级赋能者，发挥越来越重要的作用。此外，本书基于保险上下游产业链的数字化延展视角，举例展示了农业保险、汽车产业链、智慧城市、大健康、养老护理等领域在数字化转型过程中的惠民实践探索与创新成果。

针对保险行业各类供给主体数字化转型的现状与挑战，本书提出了相应的转型策略、实施方案与治理建议。一是在数字化转型策略方面，可基于信息化建设的价值诉求与业务需求的复杂度，针对不同的适用对象，分为局部优化、模块提升和全面改造三种。在对预期效果进行评估时，则可以从增加保费收入、提升运营效率、改善用户体验、降低成本风险和生态协作效果方面选取可量化的测评指标，开发相应的模型或标准体系。二是在实现高质量发展的治理策略方面，应从网络治理的规律中探寻监管逻辑和风险治理路径，

前　言

聚焦数字保险的治理主体、治理客体和治理工具三项核心要素。在治理主体方面，建立完善、多层次的数字保险治理体系；在治理客体方面，数字保险的监管首先是管业务，其次是管技术；在治理工具方面，数字保险的监管和治理更应注重新兴技术工具的支撑和辅助。最后，为响应行业实践的需求，本书提出了保险行业数字化转型能力评估框架与指引。在数字化转型评估体系方面，建议从数字文化、组织协同、治理能力、人力资源、激励机制、资金投入、技术能力、生态搭建八个维度进行评估。在能力评估的具体指标设计方面，各类机构可以参考本框架，尝试从业务能力、客户体验、数字化技术、治理体系四个维度进行指标细化和量体定制，希望能为广大的保险机构从业人员提供数字化转型的工具参考。

念念不忘，必有回响，《保险机构数字化转型：实践与策略》完稿付梓，特别感谢方骥、李静科、徐娟、严莉婷、沈子豪、张峰、李秋馨、王茜、马子悦、周佳琪、陈月萌、杨帅、方晓月、张淑芳、王晓锋在编写的过程中给予的帮助与支持，尤其感谢清华大学出版社编辑们的专业付出。

由衷希望本书可以与广大保险业从业人员形成共鸣，若能启发一二，更是幸甚。当然，如有不足之处，请广大读者不吝指正！

作者

2022年5月

目　录

第一章

转型背景：数字化转型是保险业服务数字经济的内生
需求 ／ 001

一、拥抱数字化变革是行业的必然选择 / 003

二、在"数字经济"体系中数字保险的重要性 / 004

三、"数字科技"赋能成为保险业创新的新动力 / 005

四、数字化转型推动深化供给侧结构性改革 / 006

五、新冠肺炎疫情下保险数字化转型呈现加速变革的趋势 / 007

第二章

纲举目张：保险业数字化转型的内涵与框架 ／ 009

一、数据、数字化与数字化转型的内在逻辑 / 010

二、保险机构数字化转型的内涵 / 016

三、保险机构数字化转型的战略框架 / 017

四、数字化转型解决业务痛点和难点 / 018

五、数字化转型的关键核心能力 / 019

六、数字化转型的支撑体系 / 034

第三章

他山之石：国际保险业数字化转型趋势与经验 / 041

一、行业动态 / 042

二、大型保险公司的数字化转型之路 / 052

三、保险科技公司的智能科技应用实践 / 058

四、国际互联网保险公司研究 / 065

第四章

本土实践：保险业数字化转型的现状与挑战 / 069

一、传统保险公司的现状与挑战分析 / 070

二、互联网保险公司的现状与挑战分析 / 086

三、保险中介的现状与挑战分析 / 091

四、保险科技公司的现状与挑战分析 / 096

第五章

保险为民：数字保险助力实体经济高质量发展 / 105

一、保险科技服务"三农"，助力乡村振兴 / 106

二、保险科技注入汽车产业链 / 110

三、保险科技赋能智慧城市 / 113

四、保险科技创新健康保险服务 / 116

五、保险科技赋能商业养老 / 119

目 录

第六章

价值释放：保险业数字化转型策略、实施方案与评估指引 / 123

一、数字化转型策略 / 124

二、数字化转型的预期效果 / 125

三、数字化转型的评估体系 / 127

四、实现高质量发展的治理策略 / 136

第七章

数字化转型若干问题的研究与思考 / 141

一、数字经济下数据要素市场化配置研究 / 142

二、保险科技发展的应用谱系、风险挑战与经验启示 / 148

三、数字化时代的保险客户经营策略 / 154

参考文献 / 191

第一章

转型背景：数字化转型是保险业
服务数字经济的内生需求

随着科技革命和产业变革，数字化浪潮伴随互联网正逐步连接人们的生产、生活、消费甚至金融、保险活动。其深层趋势是：信息科技的发展丰富了各方的信息获取渠道，降低以往边界分明的专业壁垒，信息透明度的提升正在对产品复杂、信息不对称、渠道自重的保险行业造成冲击。有业界专家提出，作为数据密集型、旨在克服信息不对称的保险行业，其内涵可能在数字经济浪潮中被重新界定，实现业态"重构"、价值链"重塑"、经营基础"重整"及体验"重新定义"。本章基于STEP模型，从社会、科技、经济和政策四个维度对保险行业数字化转型的背景进行分析，如图1-1所示。

图1-1　保险行业数字化转型STEP分析

资料来源：普华永道.保险行业数字化转型研究报告发布会，2020[C].上海，2020.

---

① STEP分析是一种常见的组织对外部宏观环境的分析工具，其主要包括四个方面：社会因素(Social Factors)、科技因素(Technological Factors)、经济因素(Economic Factors)和政策因素(Political Factors)。

② ABCD技术即以人工智能(AI)、区块链(Blockchain)、云计算(Cloud Computing)、大数据及大数据分析(Data & Data Analytics)为代表的技术。

一、拥抱数字化变革是行业的必然选择

自2017年以来，习近平总书记多次就"数字中国"作出重要论述和战略部署，在致第四届世界互联网大会的贺信中指出，中国数字经济发展将进入快车道；在二十国集团领导人第13次峰会上指出，世界经济数字化转型是大势所趋，新的工业革命将深刻重塑人类社会；在致首届数字中国建设峰会的贺信中指出，信息技术创新日新月异，数字化、网络化、智能化深入发展，在推动经济社会发展、促进国家治理体系和治理能力现代化、满足人民日益增长的美好生活需要方面发挥着越来越重要的作用。2021年10月，在中共中央政治局就推动我国数字经济健康发展进行第三十四次集体学习中，习近平总书记在主持学习时强调，要站在统筹中华民族伟大复兴战略全局和世界百年未有之大变局的高度，统筹国内国际两个大局、发展安全两件大事，充分发挥海量数据和丰富应用场景优势，促进数字技术与实体经济深度融合，赋能传统产业转型升级，催生新产业、新业态、新模式，不断做强做优做大我国数字经济。

在"数字中国"发展战略的引领下，各行各业开始稳步推进数字化转型，运用区块链、大数据、云计算和人工智能等技术增加业务拓展、运营管理效能，提高核心能力创新水平。保险行业也在积极培育数字化能力，重塑竞争优势，努力实现高质量发展。

二、在"数字经济"体系中数字保险的重要性

以大数据、人工智能为代表的新一代信息技术迅猛发展，数字经济已成为拉动经济增长的重要引擎，成为科技创新催生新发展动能的重要突破口。据腾讯研究院测算，数字化程度每提高10%，人均GDP将增长0.5%~0.62%。近年来，我国数字经济规模保持快速增长，2020年我国数字经济总量达到39.2万亿元，同比增长9.5%，如图1-2所示。按照当前的发展趋势预测，2025年我国将有接近半数的GDP发展得益于数字经济。

图1-2 2005—2020年中国数字经济规模

资料来源：中国信息通信研究院. 中国数字经济发展白皮书[R]. 中国信息通信研究院，2021.

数字保险既是数字经济的重要组成部分，又为数字经济发展提供风险管理和保障服务。当前保险行业适应消费互联网向产业互联网的转型升级，一方面通过质量保证险、退货运费险等产品，积极贴合电子商务、共享经济发展的新需求；另一方面深耕细作企业财产保险、工程保险、责任保险等传统险种，为建筑工程、设备制

造、医疗教育等各类实体企业的数字化转型提供风险保障。

除此之外，保险机构还在利用数字技术加速与经济社会其他领域的深度融合，争取率先完成新技术的孵化推广，成为引领发展的先导力量。这种模式在推动产业变革升级、促进社会转型、培育经济新动能等方面体现出了积极价值。

三、"数字科技"赋能成为保险业创新的新动力

数字科技是发展数字经济的重要支撑。数字科技已经成为当下各行各业实现数字化升级的必选项，已是行业共识。伴随移动互联、大数据、云计算、人工智能、区块链等技术的进步与融合应用，数字科技蓬勃发展。移动互联技术实现了将线下传统保险产品销售渠道向线上模式转移的进步，大数据提升了核保风控和驱动业务能力，云计算拓宽了承保场景与能力，人工智能让业务更贴近生活，区块链促进了数据收集成本和处理效率优化，促进了互联网场景与保险需求相融合，保险服务与创新呈现出良好的网络效应。新兴科技的能力汇聚，推动着保险行业在产品、风控、渠道、服务、生态等方面加速迭代。

科技聚焦保险价值链，重塑产品设计、精算定价、销售管理、风险核保、出险理赔等环节，使保险变得更贴心、更便利、更普惠，从各个环节助力降低成本、缓释风险、提升效率和客户体验，如智能语音客服、人脸识别、基于RPA的流程自动化等。利用科技

手段构建保险新业态，以保险科技为基础重新定义未来保险，促进保险生态圈的升级和革命，助力保险业务流程的数字化迭代。

四、数字化转型推动深化供给侧结构性改革

"保险姓保"是保险业安身立命的根基，也是行业价值的关键所在。近年来，有个别保险机构违背审慎经营的基本原则，片面追求扩大规模，盲目扩张，忽视社会责任，造成了不良的社会影响。对此，监管机构果断纠偏，引导保险回归本源。

一是贯彻"保险姓保"的初心使命。保险监管部门近年来陆续出台相关措施，大力引导保险企业回归保障本源。数字化转型有助于推动保险机构贯彻初心使命，尤其注重发展普惠金融，提升保险服务的覆盖率、便利性和满意度，更好地满足人民群众日益增长的保险保障需求。

二是深化供给侧结构性改革，实现高质量发展。保险行业借助数字化转型，可以提升客户洞察能力与风控能力，以市场需求为导向，积极开发个性化、差异化、定制化的产品及服务。部分中小型保险机构借助数字化转型可以弥补分支机构不足的劣势，强化流程短、速度快的优势，在开放的生态中充分发挥差异化特色，错位竞争，形成比较优势。

三是打通金融服务"最后一公里"，弥合"数字鸿沟"。我国广大的村镇地区，特别是中西部远离经济核心区的地域，仍是自助

便民服务的薄弱地带。保险机构在数字化转型的过程中，可以借助电子终端、移动互联技术和金融服务点等模式，覆盖金融服务"最后一公里"，使保险服务向这些地区的弱势群体延伸，避免由技术产生的"数字鸿沟"。

五、新冠肺炎疫情下保险数字化转型呈现加速变革的趋势

自新冠肺炎疫情发生以来，保险行业受到多方面影响。在销售渠道方面，传统线下营销渠道受阻；在保费增长方面，除健康险外的其他险种受复工复产限制、上下游产业链的影响，导致其规模和增速双降；在险资配置方面，投资的潜在风险上升，收益难度增加。在近两年的"开门红"期间，多个主要渠道的销售活动收益不及预期，凸显了保险公司在渠道依赖和营销模式方面的深层次问题(见表1-1)。

表1-1　新冠肺炎疫情影响下保险公司和销售渠道症结凸显

症结	具体表现
对线下营销的路径依赖	大部分保险公司将个险渠道作为重要战略渠道，但个险渠道作业模式严重依赖营销员线下展业活动，很难在短期内改变
网销渠道开拓患得患失	来自第三方流量的网销渠道费用高企，网销产品价格普遍敏感，对保险公司的价值贡献不显著，近两年来很多公司对该渠道有所收缩。受新冠肺炎疫情影响，线下销售受阻，网销渠道需求再次放大

症结	具体表现
对线下营销的路径依赖	大部分保险公司将个险渠道作为重要战略渠道，但个险渠道作业模式严重依赖营销员线下展业活动，很难在短期内改变
营销人员技能没有与时俱进	线下渠道展业方式普遍偏于传统，营销人员年龄偏大，知识技能相对陈旧，对线上营销手段和工具接受度相对较低，"无接触式"展业能力缺乏，在新冠肺炎疫情期间无法有效触达客户
各渠道间协调互补不足	保险公司内部多种渠道各自为政，缺乏配合和协同，对客户的持续经营和价值挖掘没有形成合力，当线下渠道受阻时，线上渠道无法及时补位
数字化程度制约远程复工	绝大部分保险公司的数字化程度不高，科技能力不足，体现为线上展业和远程复工的技术手段受限

资料来源：中国互联网金融协会互联网保险专业委员会，普华永道. 保险行业数字化转型研究报告[R]. 上海，2020.

新冠肺炎疫情在给保险业带来挑战的同时，也加速了行业对数字化转型的认识与思考。新冠肺炎疫情倒逼着保险业撤除过往粗放的发展模式，转变为聚焦自身能力构建，加强精细化管理水平，强化科技和数据的开发应用，加速数字化大中台搭建，实现科技创新与业务模式的高度契合，在客观上加速了数字化变革的进程。

第二章

纲举目张：保险业数字化转型的内涵与框架

一、数据、数字化与数字化转型的内在逻辑

（一）生产力与生产关系视角下的数字化

数据、数字化、数字化转型等要素和概念在数字时代兴起，彼此联系紧密，数据要素成为区别于传统物的要素和人的要素的新型生产资料，既是生产力的内容和条件，也是生产关系的表现和载体[①]。在数字化过程中，数据要素参与生产实践，数据生产方、收集方和处理方，运用采集和处理数据的技能与工具，加工要素形态的数据资料，极大地释放了社会生产力，数字化转型则提供了更广谱的生产关系跃升空间。

数字化始于电子，兴于比特，重要基石和底层推手是作为生产要素的数据。党中央、国务院高度重视数据作为国家战略资源的价值，党的十九届四中全会提出"数据生产要素"，2020年政府工作报告提出"培育数据市场"。2020年4月9日，中共中央、国务院印发《关于构建更加完善的要素市场化配置体制机制的意见》，将培育数据要素市场上升至国家战略高度。"十四五"规划纲要则进一步明确"激活数据要素潜能""以数字化转型整体驱动生产方式、生活方式和治理方式变革"。

---

① 刘绪光.数字账户、平台科技与金融基础设施[M].北京：中国金融出版社，2022.

（二）数据要素的内涵及特征

数据曾经专指数字，如今文本、声音、图片、视频甚至行动轨迹等先后成为数据，而数据的应用早已超出了统计、计算、科学研究或技术设计等专业领域范畴，深入社会经济、商业活动和人们日常生活的方方面面。如今，学者普遍认可数据是一种电子化记录，进一步在经济金融范畴内，讨论大体围绕这种独特记录的属性和内容两个维度：一方面，数据是现实世界的映射或采编，能够通过电子化方式进行传递和处理，具有一定的主观性和片面性；另一方面，数据是通过观察物体、个人、机构及其事务与环境等对象的产物，描述刻画了蕴含商业价值的各种不确定性。

学者指出，区别于传统的数据信息，大数据技术及数字经济背景下的数据资源，具有一系列新的物理属性和经济特征，包括非稀缺性、非排他性、载体多栖性、价值差异性、用途不可测性等。例如，数据资源的非稀缺性是指数据不同于土地、资本等传统生产要素，也不同于数字经济之前的数据信息，具有相对充裕、可无限复制的特点，并且很多数据信息可借助其他维度的数据推断勾勒，稀缺性约束相对不再刚性。数据使用的非排他性是指数据在使用上同专利技术等智力成果一样，一个数据加工方在使用数据时，不妨碍另一数据加工方同时使用该数据，数据在物理上可以被共享和多次使用。载体的多栖性是指在数据产生过程中，各类用户使用各种数字产品，包括各种网站、App提供的服务以及各种终端设备，一个人的数据广泛栖息于网站、App和终端设备等多个载体，具有"多栖性"。用途难以预测性是指大数据的开发利用不但依赖当前实时发生的数据，还依赖历史数据的积累。数据信息在被收集、加工时，使用方未必能确定这些数据信息未来的具体用途，但仍有积累、收集、加工这些数据的激励。此外，数据信息在开发利用后，其效果可能远超出原来产生数据信息的用户范围，体现出较强的外部性[①]。

（三）数字化的多视角解读

数字化可以从技术与业务两个视角解读，这恰巧与两个英文翻译相对应。根据高德纳咨询公司术语定义，前者是指将信息转换成数字，便于计算机处理，通常是二进制格式；后者则是由技术引起的行业、组织、市场和分支机构内部变革的 "组织过程"或"业务过程"。这一过程所形成的商业模式与以往相比具有鲜明特点，即信息透明、速度为王、边界模糊。信息透明源自数据获取的渠道越发多元，专业壁垒正在消失。速度为王表现为各类机构和个人间连接的速度、信息传递与反馈速度、创新应用速度都在迭代优化。而边界模糊最为关键，在传统物理世界中，基于交易费用划分的企业、组织和市场边界面临破圈和重塑的机遇与挑战。

有学者指出，数字化首先是一个技术概念，同时又是代际概念。从技术上讲，数字化是指把模拟数据转化成由1和0表示的二进制代码。从代际概念理解，数字化是指现实世界与虚拟世界并存且融合的新世界。究其本质特征，一是连接，连接大于拥有；二是共

---

① 刘绪光.数字账户、平台科技与金融基础设施 [M].北京：中国金融出版社，2022.

生，现实世界与数字虚拟世界融合；三是当下，过去与未来压缩在当下。对于企业组织而言，数字化是方向和目标，而数字化转型可以理解为基于此目标的进程和结果。数字化是通过采集、存储和应用环节，不断积累以数据为基础的生产资料，形成应用闭环，连接并赋能企业采购、设计、生产、销售等关键流程环节，实现数据要素资产化和价值释放的过程。

在金融行业数字化语境下，金融行业数字化的内涵是商业模式的转型、经营理念的转型、组织架构的转型以及技术体系的转型：商业模式的转型是要思考如何利用数字化进行可持续的盈利模式设计，经营理念转型是营销模式、运营模式、风控模式、客服模式和产品创新等转型；组织架构的转型是要改变过去部门墙和以产品为中心的形态，向以客户为中心，大中台、小前台的敏捷组织转型；技术体系转型是梳理当前技术体系，同时配合商业模式，经营理念与组织架构转型的需求，进行适应性转型，而不是为了技术转型而转型。基于此，数据成为与客户、渠道、资本、员工同样重要的生产要素，激发出新的生产工具与生产关系，实现降本增效的生产力提升。

（四）数字化转型赋能生产关系高质量跃迁

国务院发展研究中心在《2018年传统产业数字化转型的模式与路径》中指出，数字化转型就是利用新一代信息技术，构建数据的采集、传输、存储、处理和反馈的闭环，打通不同层级与不同行业间的数据壁垒，提高行业整体的运行效率，构建全新的数字经济体系。

数字化转型开启了生产关系的迭代升级，产业链条持续延展和开放。数字化转型本质是生产力大发展下专业分工的细化、具化和普遍化。以金融业为例，当前呈现出产销分离的趋势，即过去由金融机构独立完成的信贷、保险和支付等活动，正逐步演变成为产业链多机构分工合作，如信贷产业链分工细化出资本提供方、信息撮合方、贷后服务方等角色，一些具有流量优势、数据优势或技术优势的金融科技企业承揽大量宣传、导流与撮合活动，并逐渐成为金融服务供给与需求的交汇中心。数字化转型加速了数字化进程，从而为转变和优化现有商业模式、消费模式、社会经济结构、法律和政策等提供了更广泛的生产关系跃升空间，如规范引导，将对个人、企业、社会和国家都具有一定的积极意义。数字化转型可理解为个人思想、技术、业务，企业组织、流程架构、文化的整体提升，是运用数字化技术提升生活品质与生产质量的过程。从宏观层面看，推进数字化转型，建设数字中国，目的在于提升全要素生产率、推动经济社会高质量发展、更好地满足人民群众对美好生活的向往和需要，是国家的重要战略。

生产力表征的数字化，目前已经在生产关系层面发挥作用，并逐步渗透至金融领域，一个现象级焦点就是当下热议的金融科技。在数字化时代，科技与金融的融合更为密切，科技一方面成为金融创新的重要推动因素，信息技术的进步提升了金融行业对金融信息的处理能力与效能；另一方面也相应地对金融机构的风险防控能力和责任提出了更高要求。

数字化是逻辑主线，在生产力层面起决定作用。从生产力决定生产关系的视角看，科技驱动下，数字化成为人们生产、分配、消费的底层驱动力。在生产力层面，人们的生产资料经历了物质、能量和信息的变迁，生产工具经历了蒸汽机、电气、计算机的演进，聚焦生产对象的数据信息记录与采集 (算基)、数据分析与应用 (算法)、计算能力与效率 (算力)越发成熟，支撑各行各业进行以业务数字化、数据业务化的生产关系跃迁，即数字化转型，成为金融供给侧结构性改革背景下，金融基础设施建设的重要抓手，其中一个潜在方向是资产数字化。在金融科技引领的大数据时代，数据体量逐渐增加、战略意义日益增强，新的金融需求方、供给方、中介方不断涌现，各方的数据意识和治理能力逐步提升，在信息不对称下的资产识别及数字化能力不断增强，运用数据更好地进行产品开发、获客营销、流程优化和风控定价，最终落脚点在于价值实现和增值，与资金资产负债表相当的数据资产负债表应运而生。

新技术的发展和完善不断突破金融基础设施的能力边界，新时代的金融基础设施供给要适应并支持经济数据化的发展趋势。在金融业务数字化的过程中，金融服务的土壤和对象在深度数据化，数字世界对现实经济活动的描述能力越来越精准、迅速。作为金融标的物的企业和个人，因为物联网、传感器、5G等新基建的赋能，信息提取和加工更为便利，分散信息集中化、局域信息公开化、默会信息显性化成为可能。信息不对称和信用不传递在一定程度上得到缓解。这对金融机构产品服务和风险管理能力提出了新要求，对原有金融基础设施的构成、运营和数字化转型提出了新要求，更对高质量的金融监管提出了新期待。当前，大数据、区块链、人工智能等新兴技术已开始显示其在支撑实时监管、协同监管和穿透式监管中的潜力与价值，这也为金融基础设施的完善和丰富提供了有力抓手。

二、保险机构数字化转型的内涵

数字化转型是指利用数字技术进行全方位、多角度、全链条的改造过程，如今已经成为企业和组织十分重视的一项变革行动。数字化转型的内涵相对丰富，各界对其含义有不同的理解(见表2-1)。

表2-1　各界对于数字化转型的理解

各观点提出方	观点
欧洲银行管理局	数字化转型是通过新科技应用改变内部流程，实现运营数字化，降低运营成本，并提升高效率收益
IBM	数字化颠覆主要体现在其不仅影响客户和市场、行业和经济及价值链，还影响整个价值体系，与体验和互动、营销、生产、组织等有关
Gregory	数字化转型即数字技术产生颠覆作用，导致组织发生战略变动，从而改变价值创造路径
陈立吾	与传统银行业信息化代表的面向企业端的科技不同，数字化的本质是一系列面向客户端的科技创新，包含了大量先进技术的创新应用
阿里研究院	数字化转型的本质：在"数据+算法"定义的世界中，以数据的自动流动化解复杂系统的不确定性，优化资源配置效率
汪照辉等	数字化转型就是利用数字化技术来推动企业组织转变业务模式、组织架构、企业文化等的变革措施。数字化转型旨在利用各种新型技术，如移动、Web、社交、大数据、机器学习、人工智能、物联网、云计算、区块链等一系列技术为企业组织构想和交付新的、差异化的价值。采取数字化转型的企业，一般都会去追寻新的收入来源、新的产品和服务、新的商业模式。因此数字化转型是技术与商业模式的深度融合，数字化转型的最终结果是商业模式的变革

资料来源：中国互联网金融协会互联网保险专业委员会，普华永道. 保险行业数字化转型研究报告[R]. 上海，2020.

尽管目前尚未形成对数字化转型一致的认识，但综合主流观点，各界普遍认为数字化转型是数字化时代背景下，企业通过一系列数字技术应用与创新，实现组织架构、业务模式、内部流程升级改造，提升服务质效的过程。

在保险行业，数字化转型可以具体理解为保险机构为应对数字化时代，利用数字化手段，选取适合自身资源禀赋的战略侧重点，建立由数据、技术、机制等组成的数字化支撑体系，实现以数字化客户洞察为核心的全方位数字化业务能力，最终达到用户(销售人员、合作机构、客户、决策层、员工)体验及服务效能的提升(见图2-1)。

图2-1 保险机构数字化转型打造五大用户体验

资料来源：普华永道. 保险行业数字化转型研究报告发布会，2020[C]. 上海：进博会，2020.

三、保险机构数字化转型的战略框架

综合国际咨询公司的方法论和国内领先保险机构的实践，保险机构的数字化转型框架涵盖战略侧重点、业务能力和支撑体系三方面(见图2-2)。

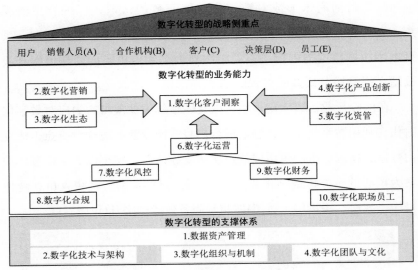

图2-2　数字化转型框架

资料来源：中国互联网金融协会互联网保险专业委员会，普华永道. 保险行业数字化转型研究报告[R]. 上海，2020.

四、数字化转型解决业务痛点和难点

在进行数字化转型时，首先应结合自身的资源禀赋和约束条件，充分分析业务前端的实际情况和需求，聚焦业务痛点和难点。主要可分为以下五个关注点。

一是聚焦品牌宣传推广：通过塑造数字化品牌体验提升用户忠诚度，将营销投资从传统广告转向沉浸式数字化体验，以新方式将消费者与品牌联结起来；二是聚焦客户体验：通过卓越的端到端客户体验和持续的对话或联系保持用户黏性，注重多接触点重塑互动和赢得客户的数字化能力；三是聚焦生态拓展：通过多种数字化渠道推动在线流量，积累用户，并尽可能多地转换销售，注重销售效率和市场份额的数字化；四是聚焦产品创新：通过数字化产品创新实现差异化，利用数字能力识别、开发和推出新产品，打造产品能力及产品优势；五是聚焦成本优化：致力于实现高效运营、自动化市场细分、构建目标市场定位，专注于推动成本效益的数字化提升。

不同模式所需能力不同，"品牌宣传推广"对市场调研和品牌管理能力要求较高，"客户体验"对产品设计及解决方案管理要求较高，"生态拓展"对渠道管理要求较高，"产品创新"对市场调研、产品及服务设计、解决方案管理要求较高，"成本优化"对运营技术及效率、实现收益要求较高。保险机构在不同发展阶段可根据自身业务重点，偏向不同的数字化转型战略侧重点。

五、数字化转型的关键核心能力

（一）数字化客户洞察

随着数字化时代的到来，"以客户为中心"已逐渐成为国内外保险公司普遍认同的战略重点。公司的业务焦点实现了从以产品为中心，到以产品和客户为中心，再到完全以客户为中心的转变。其中，以产品为中心意味着注重产品或服务研发，先开发产品，再开拓客户；以产品和客户为中心意味着注重产品或服务的获益并改善客户全生命周期体验；完全以客户为中心意味着以了解客户目标为焦点，为客户及其自身家庭配置适合的产品或服务。

如何从不同渠道获取更优质的客户，提供匹配的保险产品与服务，从而提升客户黏性，降低运营风险，成为各个保险公司在维持业务规模增速的情况下，进一步优化业务结构，提升自身品牌影响力和竞争力的重点。而实现这一切的前提则是具备数字化客户洞察能力。

保险行业的特点决定了保险公司与保险客户之间是处于"低频交易、弱连接"的关系，保险公司自身的客户信息质量普遍不高。部分保险公司在开展数字化转型的过程中，碰到了不少与客户信息相关的痛点，如客户识别要素信息不准确，客户信息缺乏整合，客户基本信息以外的内容严重缺乏，缺少客户洞见能力等。一些保险集团虽然具备一定规模的客户信息，但在逐步趋严的监管要求下，对于如何谨慎地、合法合规地使用客户信息缺少标准和指南。

关于数字化客户洞察有以下典型实践。

1. 客户画像

建立集团或全公司层面的360度客户视图，通过内外部的客户数据收集与处理，利用聚类分析、神经网络、决策树等计算方法，对客户进行标签分析，形成丰富的客户信息全景视图，如潜在客户视图、已有客户视图、个人客户视图、企业客户视图等。通过客户业务信息、特征信息、社会信息及偏好信息等多维度的信息收集与整合，建立准确的目标客户群，差异化推送服务，从而提升客户体验，强化客户黏性，扩大客户价值。

2. 基于客户洞察的智能决策

基于大数据分析的"客户微观分群"，形成多类有效客群，将分群结果部署在各个应用场景下，实现客户及业务价值的双提升。如构建Next Best Action智能决策模型，向各渠道输出客户画像结果及优化策略建议。

（二）数字化营销

精准匹配个性化、差异化、定制化的产品与服务能力正在成为保险机构的核心竞争力，这要求保险机构在客户端具备对客户全面信息(内部保险信息及外部大数据)的收集和整合能力，具备针对客户特征与偏好进行挖掘与分析、实现客户洞察的能力，这是数字化营销的基础。

数字化营销能力致力于打造营销活动的数字化闭环，通过清洗整合内外部客户信息，构建用户分析模型和智能引擎，实现包括全面用户洞察、智能推送触达、营销规则管控、广告精准投放的智能营销平台。其关键能力与实践体现在以下五个方面。

（1）数据营销分析：利用大数据平台建立360度客户视图和客户画像，并支持营销分析，其中包含客户产品营销差异化分析、客群市场营销分析、公众社交舆情分析、客户满意度与客群关系分析等。

（2）智能险顾引擎：在产品工厂增强产品原子化和组件化配置的

基础上，建立智能险顾引擎，通过人工智能技术优化客户与产品的匹配能力。

(3) 营销活动管理：打造业务营销的功能闭环，实现营销计划一站式创建，实现营销计划审批、监控、评估的全流程，为客户提供良好的业务体验。

(4) 数字化内容管理：数字化内容管理包含营销内容素材库(如海报、大转盘、优惠券等)、内容模板配置及内容的设计、维护、审批、发布、检索等功能。数字化内容管理是线上营销非常重要的功能，有助于实现营销活动快速投放。

(5) 营销策略引擎：支持业务人员对营销活动的界面化配置，包括客户生命周期、产品库、客户群分组、渠道配置、营销活动规划、营销话术配置、营销流程及规则配置等，并支持实时的策略调整。

（三）数字化生态

保险行业数字化生态的构建可从自有渠道构建、生态圈构建和能力开放三个方面开展。

1. 自有渠道构建

借助数字化手段，实现保险公司全渠道、全业务、全媒体的全场景服务，是当前行业的主流发展趋势。自有渠道建设主要包含线上微信、App客户接触体系构建及线下网点智能化。

(1) App建设：大型保险集团进行超级App建设，具备"入口聚合、场景多样、营销导向、总分联动"多重优势；中小型保险机构出于经济性和实用性的考量，部分选择不进行App建设，转而由微信小程序承担数字化获客和客服作用。

（2）渠道建设：下沉社区的智慧服务终端以突出体验化、轻量化、智能化获得行业认可；提供全渠道接入全场景服务的远程柜面也成为多家机构的选择。

2. 生态圈构建

保险公司积极运用生态圈思维，充分发掘自身隐形资源，通过与邻业生态圈的互动与合作，实现多方共赢的格局。为更好地提供多元化服务，保险公司纷纷自建或参与生态圈，两种方式各有优劣。其中，自建生态圈投入大，收益不确定，国内外成功与失败案例均有，主要由大型保险机构尝试。典型代表是平安集团，其在提供金融服务的同时，通过外部收购及内部孵化，覆盖出行、医疗健康、房产等主要生态场景。自建生态圈有利于平安集团掌握核心技术、业务场景和流量入口，成为生态圈的主导者。中小公司也可基于自身资源禀赋选择细分场景进行突破，如南非Discovery的Vitality健康管理计划。

相比于投资成本较高的自主构建生态圈，目前业内保险机构以参与第三方场景居多，如人保等十余家保险公司接入滴滴出行保险板块，提供驾乘人员意外险、定制化场景保险等。参与外部生态圈可极大地拓展保险机构的获客场景，但在获得流量的同时，入口端的高额手续费压缩了保险产品的盈利空间，保险机构相较于大型平台处于低议价能力的弱势地位。

3. 能力开放

近年来，伴随着"开放银行"概念的兴起，"开放保险"的概念也随之出现。以德国的安联集团为例，对内部，安联开放其保险核心业务系统，使合作的保险公司或IT公司在资源共享的平台上共同开发系统；对外部，安联接入其他互联网平台和应用程序，消费者可通过第三方平台购买安联的服务和产品，通过流量导入快速拓展市场份额。依据目前的市场实践，由于不同模式所需能力不同，机构可根据不同发展阶段的业务重点，选择不同的"开放保险"战略，因此"开放保险"的战略定位可分为以下五类。

(1) 业务环节开放型：保险公司为提升客户体验，对已有产品或服务的某个节点对外开放，此类模式门槛较低。

(2) 领域开放型：此类型对商业模式产生了更多实质性变化。例如将销售业务整体外包，自己专注于提供工厂式保险服务，聚焦产品研发和设计。

(3) 技术开放型：将自身技术优势向中小保险公司开放，对外赋能。

(4) 数据开放型：将自身数据建模、数据分析成果共享给合作伙伴。

(5) 全面开放型：构建全面、灵活的开放平台，可将除产品精算模型及风险承担外的诸多业务环节与外部进行对接或开放。

（四）数字化产品创新

随着市场环境的变化和客户对保险认知的成熟，市场对保险产品的核心需求愈发广泛，而传统保险尤其是财产险产品供给却高度同质化，对客户内在需求的覆盖明显不足。为及时有效地弥补这一供需缺口，进行产品创新，多数保险机构通过设立专门的创新机构，对不断涌现的新型风险及相应的市场需求进行捕捉和分析。

在新产品研发方面，以财产险领域为例，围绕新兴领域的产品创新主要包括共享经济保险、行为数据保险、新兴技术保险和基于用户使用的保险等(见图2-3)。除了保险产品的设计，销售、承保、营销、理赔等价值链环节也需同时进行优化更新。

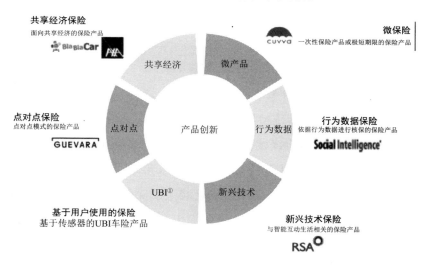

图2-3　财产险领域产品创新

资料来源：中国互联网金融协会互联网保险专业委员会，普华永道. 保险行业数字化转型研究报告[R]. 上海，2020.

在产品定价方面，应用大数据进行精算定价。此类应用对数据

———————————

① UBI 即 Usage-based Insurance。

积累要求较高，目前大多数传统保险公司采取跟随策略，互联网保险公司则较为积极，快速迭代，快速试错。但就产品规模的占比看，互联网式创新产品还未成为市场主流。

在产品运营管理层面，通过产品个性化(定制)匹配机制和数字化闭环管理，对其进行运营规划。

目前数字化产品创新的典型实践主要在以下三个方面。

(1) 产品原子化及组装创新：支持产品的保险责任、保险条件、增值服务、渠道营销和客群定制的分层定义，实现从过去的单一产品销售到未来多样化解决方案的提升。

(2) 产品多层次精细化定价及核算：按部门、区域、产品组合维度设置差异化定价与营销参数，为产品定价、业务精细化核算、财务核算与业务归属提供有效的工具与规则。

(3) 产品全生命周期管理：对产品设计、上线、升级迭代到退市进行全生命周期管理，支持实现产品在全过程管理中的创新。

在数字化产品创新领域，保险科技公司为数字化产品创新带来新助力。如爱选科技基于公开信息进行标准化、精细化的二次处理，形成爱选人身保险产品库，覆盖80余家保险公司、6大类、19细分类的3700多个保险产品；同时基于对产品的分类，结合产品价格量化评分及保险公司综合实力评分加权，推出人身保险产品评级服务。针对本次新冠肺炎疫情，爱选科技、法国再保险、小乐健康、南开大学金融学院联合推出公益项目"新冠肺炎赠险查询系统"，并在保险科技公众号上线。此外，新一代的产品工厂可以支持产品责任拆分、产品模型扩展、产品规则配置、模型驱动界面自动生成等多样化配置，提升产品上线速度。

（五）数字化资产管理

目前，保险资产管理行业已实现从应用分析模型和信息系统向大数据、云计算和人工智能等新技术赋能的转变。未来，金融科技在智能投资领域可能呈现出两种趋势：一是辅助中小型或互联网金融公司，提供相对标准化、简易化的投资产品；二是助力投资顾问数量多、营业网点布局广的大型机构，通过"线上+线下"结合的方式，满足投资者个性化的投资需求。

据中保保险资产登记交易系统有限公司《2021年保险资管数智化转型调研问卷》显示，绝大部分行业机构仍处于数字化转型的初级阶段，数字化转型的投入处于比较低的水平，但数字化转型对公司发展意义重大已成共识，均对数字化转型表现出了较强的意愿与兴趣。从行业调研数据看，在111家被调研公司中有108家公司(占比约为97.3%)，认为数字化转型可以为公司增加风控技术工具，提升风险预警的前瞻性、准确性。风险管控的核心究其本质还是数据收集和分析能力，数字化能力无疑是公司风险管控、预警提升的关键技术力量。因此，保险资管机构一致认为，数字化转型对于公司风险预警提升有重要价值。同时，有102家公司(占比约为91.9%)认为数字化转型能为公司内部中后台管理的专业性和效率带来价值，还有97家公司(占比约为87.4%)认为数字化转型能为公司提升前台投研质效和投资管理能力。

从技术维度看，金融科技在保险资管行业中的具体应用可归纳为以下三个方面。

(1) 人工智能和云计算：多家保险资管公司在智能投研、智能投资、智能投顾等方面有所布局。如泰康资产智能投研深度学习分析平台，在阅读研报、主题投资分析、公司财务分析、新词发现等方面取得进展，实现研报实时处理，每分钟阅读量高达万篇，新词识别准确率达到90%，数据处理情感分析准确率达到88%。而平安资管已将90%的应用系统在"云"上部署，充分利用平安云的计算能力和快速扩展能力支持日常业务开展。

(2) 大数据：保险资管公司将大数据分析主要应用于信用风险监控、交易合规、量化投资等领域。如泰康资产管理公司研发的智能合规系统已存储400余部法律法规，涉及公开市场另类投资、保险关联交易、内幕交易等诸多维度，实现各类法规实时检索。

(3) 区块链：针对保险资管行业中存续期不透明、信息造假、风险信息共享难、数据实效性低等问题，区块链的合理应用有助于实时掌握关联方的身份信息与资产情况，提供透明、真实的信息，并实现全流程所有信息的上链，使监管机构能实时追踪，提高交易的信任度。

（六）数字化运营

数字化运营管理能力是指利用新技术搭建系统平台，在减少人力成本的同时提升运营效率和精细化程度。以数字化的运营产出作为基础，支撑客户洞察的整体战略决策制定，指引业务支撑(产品、渠道、营销及风险)，实现收入和效益的增长，提升企业价值。

寿险公司和产险公司的业务运营特点并不相同，因此在构建数字化运营能力的侧重上也有所区别。寿险的业务发展以代理人和线上数字化渠道为主，其中代理人模式依旧是短中期内的主要渠道。因此寿险公司运营的主要痛点在于如何提升代理人的业务能力，提升对于代理人展业的数字化支持及优化代理人队伍管理。产险公司运营的主要痛点在于综合成本居高不下，特别是中小型产险公司处于长期亏损状态，如何有效利用数字化技术实现部分流程的自动化、智能化，降低运营的人力成本，是产险公司关注的重点。

目前数字化运营的典型实践主要在以下三个方面。

（1）机器人流程自动化(RPA)：以软件机器人及人工智能为基础，实现业务过程自动化，从而极大提升运营效率。

（2）协同作业平台：围绕资源链接、协同作业支持、管理推动三项重点，实现企业客户、个人客户、集团型客户在集团体系内全方位协同，推动协同成为集团经营的重要生产力。

（3）智能客服：利用语音交互技术，通过线上智能机器人为用户提供风险教育、保险知识解答、投保推荐、智能保单分析和理赔服务，提高客服效率。

（七）数字化风控

在中国保险市场蓬勃发展的同时，"高赔付、低盈利"的现状不容被忽视，居高不下的赔付率直接影响保险业的盈利水平和可持续发展，而加强风险管控是控制赔付率的关键。如何通过对风险的识别及制度化管控，有效控制经营过程中的风险因素，降低整体赔付水平，提升运营效率，是保险公司普遍面临的难题。

保险公司面临的风险通常包括业务风险、财务风险、资金运用风险等，而业务风险中的承保和理赔风险尤为突出。承保风险来源于对经济环境、市场环境、投保人等风险的把控不足；理赔风险则主要来自被保险人、从业人员和第三方服务商的欺诈与渗漏。

当前承保与理赔风险管理的痛点包括五个方面：一是保险欺诈频发且日益专业化，全球每年约有20%～30%的保险赔款涉嫌欺诈；二是核保核赔等风险管理仍高度依赖人工经验审核，成本高，效果差；三是保险公司及行业数据割裂，数据质量低，无法有效支撑风险管理的需要；四是大部分保险公司的风险管理仍以事后稽核为主，数据滞后、业务系统陈旧等问题严重制约了风控能力的前置化实施；五是风险模型以经验规则为主，缺乏学习能力和扩展能力，难以长期应对欺诈与渗漏方式的变化。

数字化风控是指通过大数据分析建模及机器学习技术，识别承保、理赔业务中的风险模型，实现覆盖事前、事中、事后的全流程风险控制，支持智能辅助功能，其具体包括两个方面。

(1) 底层支持层：数字化风控离不开大量的数据积累，目前较为先进的方式为通过数据湖、数据集市、模型实验室分别实现内外部数据收集、风险数据集市汇总及模型要素管理支持等功能。

(2) 业务应用层：基于上述风险数据基础，利用大数据、人工智能、区块链等手段构建黑名单、反洗钱、智能合同、欺诈识别、舞弊识别等风险预警或拦截模型，并将训练的模型内嵌至各个业务环节应用。

（八）数字化合规

当前监管合规要求日益严谨，保险机构的合规成本不断提高。尤其对于数据的稽核和审计，需要灵活性的数据处理能力，以方便服务提供者、监管机构和公司本身的使用。此外，包括保险公司在内的金融机构也希望与监管机构建立更高效的交互平台。

数字化合规即构建合规账户，涵盖业务类别、相关政策、流程规则、流程记录数据、历史稽查记录、历史稽查处罚记录、员工信息数据等，通过文本处理、清洗、信息提取、向量化、词频统计等自然语义处理技术，进行人工智能模型构建，功能包括以下几点。

(1) 数据整合及向量化：整合各业务及子公司政策规则，构建统一数据视图，形成监察参考数据库，其中包含合规规则库及业务流程图。

(2) 智能合规：运用人工智能、大数据等技术优化文件审阅、法律检索、案件预测、律师画像等流程，提高效率，提升工作准确度，降低人力成本，实现合规管理的智能化。

(3) 智能稽核：获取、整合结构化数据和非结构化数据，利用数据挖掘、自然语言处理、机器学习等技术，开发、建立各类模型，强化结构化数据和非结构化数据结合的风险预测分析能力，实现稽核由揭示风险向预警风险转变，推动"稽核关口前移"。

(4) 处罚分级模型：基于历史处罚记录，多维度进行处罚等级关联分析，根据特征权重自动判定案例的处罚等级(低/中/高)。

此外，业界还有监管规则智能查询应用，创建覆盖多个监管文件及文档的搜索工具，并将搜索结果分类、可视化展现，专业的合规人员可以便捷搜索并结合本公司业务对监管信息进行加工解释，还可以进行内部知识沉淀与共享。

（九）数字化财务

保险公司的财务管理智能化程度较低，财务核算、财务分析和预测及风险控制的人工操作比重较高，存在一定比例的误判和漏判。同时，保险公司的财务主要承担经营结果的记录工作，缺乏对绩效管理、风控管理和前瞻性经营预测的支持。当前保险业正在探索利用与智慧财务相关的技术和工具来代替基础工作，从而释放更多空间至经营分析端。主要可以总结为以下三个维度。

（1）内环：数字化财务实现财务角色转型，从对经营结果的记录转向更多前瞻性的预测和规划，从基于交易处理转向具有更多附加值的综合分析与决策，从被动式的响应转向实时的动态管理和主动式的发起。

（2）中环：赋能业务发展，基于精致化分析与预测，为六个业务管理领域提供决策支持。一是战略与市场选择：客户价值分析、市场与客户细分、行业洞察分析、品牌价值分析、竞争对手分析；二是客户与营销：客群市场营销分析、事件与营销相关分析、客户产品营销差异化、产品响应、客户满意度与价值、交叉销售；三是业务与产品创新：产品贡献度分析、产品定价；四是渠道与销售管理：渠道客户回报、渠道价值、渠道资源投入与价值相关性、销售业绩预测、团队效能、激励分析、销售人员脱落；五是服务与运营：运营成本分析、投入资源预测、产能分析、服务投入价值、IT财务模型优化；六是风险与管控：风险画像、风险图谱、风险预警、风险预算、风险考核。

(3) 外环：财务科技输出，基于内部驱动完成智慧财务产品方案的雏形，包装后投放市场，从成本中心转型为利润中心，涵盖智慧政务、智慧城市、智慧决策等。

（十）数字化职场和员工

在数字化转型的过程中，机构容易忽视对办公系统的全方位升级，部分办公领域自动化程度低，缺乏智能化办公工具和平台，如会议室及工位预定未全面线上化、会议室缺乏交互显示屏和缺少虚拟前台等。

近年来，随着互联网和电商的发展，客户的数字化接受程度越来越高，各种无接触、线上化、云端化行为涌现。能否提供线上化服务已成为衡量保险公司能否及时应对挑战的关键。在新冠肺炎疫情发生后，许多保险公司已全面利用各种远程办公系统协同工作，部分公司还组织员工针对远程协作模式开展相应培训，提高协同效率。未来，产品开发、运营管理、文档作业和信息技术支持等，也会更加强调云协作模式。

企业可以对职场和员工进行数字化办公升级。

(1) 数字化职场：对办公系统进行全方位升级，实现办公领域的自动化、移动化和智能化。如办公室内的访客登记、智能闸机、智能门禁、人员管理、智能考勤、智能迎宾、行为轨迹生成等。

(2) 数字化员工：数字化员工管理能力构建，优化管理的置信度、提升员工效率，支撑客户洞察能力建设中的客户体验、客户满意度等；同时数字化员工管理是客户服务资源调配、业务支撑(产品、渠道、营销及风险)、实现收入和效益增长的重要因素之一。

六、数字化转型的支撑体系

保险行业数字化转型除了建立关键核心能力，还应该搭建相应的支撑体系，确保数字化转型成果的有效落地。保险行业数字化转型主要包括数据资产管理、数字化技术与架构、数字化组织与机制、数字化团队与文化四个方面，如图2-4所示。

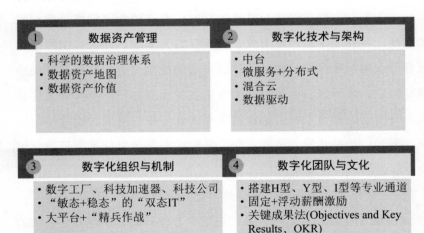

图2-4　四大支撑体系示意图

资料来源：普华永道. 保险行业数字化转型研究报告发布会，2020[C]. 上海：进博会，2020.

（一）数据资产管理

数据资产是数字化时代的重要资源，十九届四中全会亦提出将数据作为生产资料，数据资产管理已是业内共识。保险公司应了解其数据资产全貌、价值并配备相应的管理制度及工具作为保障。然而，当前保险行业的数据多以业务流程或保单为中心，与以客户为中心的发展趋势有所冲突，数据孤岛化问题凸显；不同公司的数据管理能力差距明显，中小型保险公司多处于手工处理的阶段，而且数据质量较低，缺乏数据标准和有效的管理体系及系统支持。

数据资产管理涵盖以下四个内容：一是设立数据资产管理的组织与体系，制定数据资产管理制度，盘点数据资产；二是实施数据模型、数据安全、数据标准、元数据、主数据、数据质量管理，支持数据资产服务应用；三是灵活配置数据存储检查策略，进行数据标准、质量、安全等方面的检查；四是对数据资产价值进行评估，实现数据资产内部共享和运营流通。

构建自上而下的数据治理体系，规范数据标准，提升数据质量，是保险公司数字化转型的坚实基础。中小型保险公司由于自身数据基础薄弱、数据管理能力不足，可从建立科学的数据治理体系入手，同时将布局建设数据治理平台作为长期规划，逐步实现数据管理的系统化和科学化，提升数据治理的质量和效率。

（二）数字化技术与架构

数字化时代，互联网保险蓬勃发展，业务及产品的不断变化对保险行业信息化建设和科技水平的要求越来越高。

1) 业务方面

如何利用数字化技术敏捷应对业务变化，以及如何更好地赋能业务创新和发展，从传统的以产品为中心向以客户为中心转型，以服务替代产品，将服务与场景进行融合，更好地提升客户体验等。

2) 科技方面

如何利用数字化技术降低系统的耦合性，提升系统的扩展性、可配置性，以及如何利用技术手段解决线上大流量、高并发的业务场景等。

以上应是数字化技术重点关注和需要探索的内容。纵观业内发展，数字化技术与架构已呈现服务化、中台化、云化、智能化等特点。

(1) 架构敏捷，且具有较好的延展性和扩展性。架构能够敏捷应对不断变化的业务需求，特别是线上业务；具备较好的延展性，核心功能可沉淀，客户、账户、运营、风控等领域有统一的、标准的、可共享复用的服务或者组件，从而更好地支持业务运营和创新。

(2) 后台核心功能能够保证其稳定性，更加聚焦在相对稳定、固化、变动的频率和概率不会很高的基本核心功能范围内；通过业务中台和渠道端实现个性化、经常变动的功能，保证系统整体的稳定性。

(3) 数据架构由传统仓库式向数据中台式转变，实现数据资产化、管理运营化、开放服务化。

(4) 增加业务弹性、降低IT成本、提高系统稳定性，进一步向一体化的云架构转型；建设异地双活的数据中心，实现前端和关键应用的双活。

(5) 利用人工智能、大数据、区块链、物联网等技术，结合实际业务场景和流程，进行数字化技术应用及技术平台设计。

构建一体化、标准化的大数据中台，促使信息互联互通；建设私有云平台，形成资源弹性供给；构建共享技术平台，提升开发效率，降低运维成本，已成为业内数字化技术和架构的主流趋势，更是数据驱动保险经营的重要选择。

（三）数字化组织与机制

在数字化建设方面，各个保险公司经常面临如何平衡日常工作与长期发展之间的矛盾。此时，需要专门的数字化组织，配备数字化专职人员，进行数字化研究，牵头落地、推广，并设立专门的数字化预算及数字化创新基金，为数字化项目开辟绿色审批通道，激励员工创新。当前部分大型保险公司顺应数字化时代的发展潮流，设立数字化创新部门，建立数字化创新机制，确保公司在数字化方面资金投入充足、IT建设敏捷；中小型保险公司步伐相对滞后，大部分未设立专门的数字化创新组织和机制，信息技术仍以传统的应用建设为主。

获取数字化创新能力主要包含数字工厂、科技加速器、科技公司三种典型模式，如图2-5所示。

创新需求孵化
部分大型保险公司设立数字化创
新部门，扮演数字工厂的角色

创新科技转化
出现校企合作、企企合作、研企
合作等方式

创新市场化
主要有IT部门市场化型、金融科技
输出型、集团融合型三种定位

图2-5　获取数字化创新能力的三种典型模式

资料来源：中国互联网金融协会互联网保险专业委员会，普华永道.保险行业数字化转型研究报告[R].上海，2020.

(1) 数字工厂：在计算机虚拟环境中，对创新需求进行分析、仿真、评估和优化，将需求概念转化为数字化解决方案。

(2) 科技加速器：通过外部合作的方式，实现创新科技转化，一般情况下，包括校企合作、企企合作、研企合作等多种方式。

(3) 科技公司：通过将企业内部创新能力市场化，实现数字化能力的升级，包含IT部门市场化型、金融科技输出型、集团融合型等。

在进行数字化建设时，"敏态+稳态"的"双态IT"体系建设非常重要。

敏态是指业务采用"互联网+"思维模式，本身处于不断探索、优化、总结的过程，需要通过不断试错来逐步完善；IT与业务深度融合，实现业务创新。稳态是指业务按照传统方式经营，战略目标明确，业务流程相对成熟；信息化是业务的有效支撑，IT重点聚焦于业务电子化。

当前保险行业数字化转型中，增设数字化能力中心、数字化建设委员会或是数字化部门，是组织增设的成功实践。中小型保险公司可投入的数字化资金相对有限，可依据自身发展情况，开展组织与机制革新，赋予新增部门数字化相关的职责与权力，同时设立有效的数字化绩效考核机制，保障数字化转型的有效落地。此外，聘请外部专家和专业团队承担重点项目的管理运营工作，是保险公司(特别是中小型公司)开展数字化转型试点、推进数字化战略落地的路径之一。

（四）数字化团队与文化

在数字化团队方面，保险公司(尤其中小保险公司)通常面临IT外包占比过重，IT骨干人员占比低，IT薪资待遇低，留人难、招聘难的问题。引入数字化转型人才，搭建数字化转型团队，是保险行业数字化转型的重要组成部分。具体转型举措如下。

(1) 发展通道：市场上较为常见的有H型、Y型、I型等通道，专业通道的搭建有助于技术类人才长期发展。

(2) 薪酬激励：在金融科技类人才激励方面，通常由固定薪酬和浮动薪酬构成，其中浮动薪酬依据科技在项目成功过程中发挥的作用来计算与衡量；此外，一些公司也会考虑用长期激励的方式激励核心骨干。

(3) 绩效管理：关键成果法(OKR)是较为流行的科技类人才管理工具，该方法更侧重于过程性、阶段性管理，但同时也需考虑其对企业文化、工作模式等企业特性的要求。

在数字化文化方面，受数字化形势倒逼，目前很多公司出现管理层高度重视数字化，但员工普遍意识不足的问题。数字化文化影响能力依据思想、行为及驱动的划分方式分为数字化战略意识、数字化敏捷机制及数字化创新激励三个维度。

(1) 数字化战略意识：通过宣讲、培训及相应考核机制培养以客户为中心、以数字化为第一的思维，以及以数据驱动决策的战略意识。

(2) 数字化敏捷机制：通过建立敏捷、灵活的机制促进决策及执行的速度，加快迭代。

(3) 数字化创新激励：设立数字化创新奖励基金，数字化创新考核、排名机制，建立跨部门的创新小组，鼓励员工创新、合作。

第三章

他山之石：国际保险业数字化转型趋势与经验

一、行业动态

国际保险行业在数字化的转型过程中，从经营思维、投资方式、参与主体、产品细分和国际监管趋势五个方面都呈现出一定的发展规律与特征，值得梳理和借鉴，对国内保险行业的数字化转型具有一定的指导意义。

（一）经营思维

在经营思维方面，细化经营领域，使科技应用在经营中得到充分延伸和深化。

美国保险科技公司的发力点在于聚焦特定产品领域进行深耕，比如EverQuote聚焦在车险领域，Lemonade聚焦在房屋保险领域，GoHealth聚焦在医疗保险领域。这些保险科技公司借助新技术在该领域中的探索和应用，建立起细分保险领域独特的技术优势，降低经营风险，提高经营效率。

对于北美地区的保险科技服务商而言，即使是再细分的领域，他们也高度重视。这样的经营思维，使得其保险科技应用研发细化到了每一项垂直的细分保险领域，深度挖掘保险科技在不同细分市场的应用，拓展新科技手段在保险行业应用的深度和广度，真正实现了"保险+科技"的精准嵌合。

（二）投资方式

在投资方式方面，保险科技投资活跃度高，参与形式多样。

大多数保险公司通过设立第三方基金投资创业企业。进行风险投资除了可以获得股权上的收益外，还能使传统保险企业在保险科技相关的赛道上保持领先态势。而保险集团建立加速器或孵化器也是近年来一个趋势。例如，慕再与Alma Mundi Ventures合作，推出了自己的加速器MundiLab；安盛建立了Kamet孵化器，目前已投资1亿美元以识别和帮助可以在未来为安联提供技术和商业支持的小型科技企业。

对一部分企业来说，更"轻"的做法是以赞助的方式与加速器或孵化器合作。例如，Zurich与Startupbootcamp InsurTech合作，内容包括对创新科技初创公司及运用在保险价值链中的新兴技术的支持；Ergo和Admiral选择与Startupbootcamp合作；AIG、Markel选择与Plug and Play合作。

（三）参与主体

在参与主体方面，保险科技主体多元化，再保险积极参与保险科技化进程。

再保险是保险市场的重要参与者。在保险科技发展的进程中，应加强再保险公司等其他主体的参与，共同为保险消费者提供高质量、高效率的保险服务。欧洲国家的再保险公司已经对保险科技进行了充分地打造，具备了明显的优势。近年来，德国再保险行业在保险科技的驱动下，不断发掘数据信息的价值，创新商业经营管理模式。

德国是欧洲最重要的保险市场之一，其再保险业务实力雄厚，在世界再保险市场一直处于领先地位。值得关注的是，慕尼黑再保险公司已是目前世界上最大的再保险公司。

近些年，慕尼黑再保险公司积极进行全面的科技化转型，将"数据科技"经营理念嵌入到企业的战略目标中，其具体采取的数字化转型措施如表3-1所示。

表3-1 慕尼黑再保险公司保险科技服务落地应用

具体应用平台	应用过程
损失识别和分析平台	通过对新闻报道的信息源进行科学评估，对造成的损失事故进行搜索；依据地理编码对风险和损失进行测量，智能平台将实时检测保险标的受风险事件影响的情况；一旦监测到保险标的可能因风险的发生二次遭受损失，将自动发送提示信息到客户端，帮助客户减少或避免经济损失，保证保险标的安全
NatCatSERVICE巨灾风险分析平台	在全球范围内建立了巨灾风险数据库，并为风险数据评估提供所需的服务、工具和信息。该数据库中记录了包括20世纪80年代以来重大巨灾历史事件的损失状况信息等大量历史数据，可以为个人客户提供数据服务，为其筛选符合需求的相关信息，满足不同保险消费的多元化投保信息需求
M.I.N.D.人工智能风险管理平台	人工智能平台将通过对历史索赔事件的数据分析，识别索赔案件中可能存在的欺诈性索赔，并将结果与当前损失事件相对比。通过该平台，保险公司、再保险公司和保险理赔员都能实现对风险更为透明和准确的认识和估算，人工智能技术的应用也将更有效地识别和预防保险欺诈，提升保险索赔的质量和效率

资料来源：唐金成，刘鲁.保险科技发展模式比较与经验启示[J].金融理论与实践，2020(08)：96-102.

瑞士再保险也在数字化方向上进行了布局。其数字化战略重点是"处于技术转型的核心"。2014—2016年，瑞士再保险研究了超过500项关于数字产品及其应用的案例，积极地通过改善基础IT架构、进行有关数字知识和相关技术的研究、参与初创科技公司的培养等方式来确保公司始终处于行业知识和技术的领先位置。

（四）产品细分

在产品细分方面，保险科技助力客户需求挖掘，促使保险公司开发出更丰富的细分保险产品。

保险客户档案往往以大量的传统数据作为基础，档案缺乏时效性，无法精确地反映客户的实时需求。而在新技术的赋能下，传统数据可以与来自传感器、天气数据、位置和交通更新等新数据源的实时信息相互补充，从而更好地了解和预测客户准确的保险需求。

在此基础上，许多国际保险公司开始尝试对其现有的产品组合进行拆分以满足细分领域的需求。例如，慕尼黑再保险公司开始在美国推出内陆洪水保险产品，印度保险公司Furture Generali则开始在健康保险组合中加入了癌症保障计划，安联保险英国分公司专门为小型企业推出了一款海上货物在线保险产品。作为运营商和经纪人，保险科技公司正在逐步提供和启用越来越多的细分保险产品。有的保险科技公司专门为某些特定人群定制产品，比如Jetty就致力专为城市"千禧一代"提供公寓保险产品。

（五）国际监管趋势

在国际监管趋势方面，各国际组织、监管当局纷纷跟进研究，并结合自身金融生态和竞争策略进行多元探索。

1. 国际监管的新近动态与趋势分析

2018年7月，美国财政部应总统行政命令要求发布白皮书，建议调整监管框架，以达到支持金融科技关键技术发展，将金融科技驱动的新商业模式纳入监管等目的。当月，英国金融行为监管局发布了修改网络借贷监管政策的征询意见书，根据英国网贷行业的最新情况拟修订相关监管政策。一些国家和地区监管当局的新动态再次引起各界有关金融科技发展与监管的思考与探讨。

目前，国际上对金融科技监管的基本方向已初步明朗，即宽严并济，趋利避害。一方面鼓励与引导金融科技弥补传统金融供给的短板，发挥其小额、普惠、便捷的比较优势，协助构建多层次的金融市场体系；另一方面，寻求对金融科技新模式进行监管，针对以创新为名，实质从事监管套利甚至违法违规金融活动的行为予以打击。

（1）按照金融本质，实施功能监管。大多数国家和地区的金融监管机构主要按照实质重于形式的原则，坚持功能性监管，抓住金融科技的金融本质，将各类创新业务按照其金融功能纳入相应的监管体系。例如，2018年7月，美国货币监理署宣布将接受从事银行业务的非存款金融科技公司的银行牌照申请，获得牌照的金融科技公司需要满足与同类银行一致的标准。香港金融管理局在制定和执行监管规范时也同样以金融活动或交易的本质及其衍生的风险为基础。此外，墨西哥的《金融科技法》也紧扣金融本质，以金融稳定为首要目标，厘定金融科技机构的服务属性、业务边界等。

（2）调整监管方式，适度鼓励发展。部分国家探索推出监管沙盒等试点模式，在可控范围内，为金融科技创新留出容错、试错的空间。如英国较早提出试行监管沙盒计划，在有限的客户数量、时间等范围内，允许参与的金融科技企业对新产品或新服务进行测试。英国创设监管沙盒计划后，新加坡、澳大利亚、加拿大等国也纷纷推出监管沙盒制度。

部分国家和地区为创新主体创造良好的发展环境，消除金融科技公司进入市场的非技术壁垒，但坚持技术中性的立场，不因为采用不同的技术手段而对金融科技公司做出不合理的豁免。例如，欧盟要求欧洲各银行将账户数据向客户授权的第三方机构开放共享，旨在打破传统银行的数据资源垄断。又例如，美国财政部建议减少各州的法律法规间不必要的差异，促进监管规定更加统一，以求适度降低金融科技公司的监管成本。

（3）注重科技运用，提升监管效力。一些国家和地区的监管机构一方面探索利用技术手段提升监管效能，以应对金融科技带来的监管挑战，另一方面对技术本身及其应用积极进行研判，对可能产生的风险探索进行监测与预警。

部分国家的监管部门注重运用监管科技，提升监管有效性。英国计划探索将监管规则翻译成机器语言命令，并对机构数据库进行自动访问，实现实时监测。部分国家的监管机构开始关注对技术本身的研判。例如，对于智能投顾的监管，新加坡金融管理局发布咨询文件，认为其容易受到算法、网络等引发的技术风险，计划制定监管框架以监控和测试技术算法。

(4) 探索加强国际合作与监管协调。国际组织及一些国家和地区越来越重视金融科技领域的跨境监管与协作。一是以信息共享为目的，建立双边合作机制，分享创新性信息；二是以监管协调为目的，加强国家监管协同，防范跨国监管套利和全球性金融稳定风险。

以信息共享为目的，建立监管双边合作框架。如新加坡与澳大利亚、英国和瑞士等国签署了双边合作条约，共享金融科技的新兴趋势及监管创新方面的前沿动态。

以监管协调为目的，防范跨国监管套利和全球性风险。例如，2018年G20财长和央行行长会议发布联合公报，尝试统一与会各国和地区对加密数字货币的性质认定，迈出加密数字货币全球监管协同的第一步。在国际组织层面，各方考虑到加密货币影响的全球性及其发展速度，联合进行监控。金融稳定委员会与支付和市场基础设施委员会合作开发监管框架，以监控加密资产市场对金融稳定的影响。

2. 部分国家和地区监管差异及比较分析

1) 监管的演进方向不同

经过几年的观察和了解发现，一些国家和地区对金融科技的监管策略开始进行微调与再平衡。美国、英国、欧盟等国家和地区适度放宽2008年金融危机以来过于严格的监管尺度。例如，美国实行的双层(州、联邦)、多极(各监管部门)的监管框架，一定程度上不利于金融科技的创新与发展。在金融危机后，美国的金融监管合规要求更加严格。近几年，美国监管当局则逐渐向适度宽松的方向修正。2018年7月，美国财政部发布报告，在广泛评估当前美国金融科技监管的基础上，向金融监管部门提出建议，促进金融科技安全可持续发展。

相比之下，部分新兴经济体对于金融科技的监管向逐渐趋严的方向演进。例如，2018年墨西哥出台针对金融科技的专门性法律。在理念上，立足金融稳定，严格审慎，补齐短板，严防套利。在操作上，具体规定了从业机构初始资本、内控合规等要求，并严厉打击无照经营等违法违规行为。此外，印尼金融服务管理局下令限期下架所有未在其注册的网络借贷产品。

一些国家和地区监管演进方向不同的原因主要有两点。一是金融监管环境不同。如美国、欧盟等金融发展较成熟经济体的监管规则相对严格，其尺度在次贷危机后进一步收紧，抑制了创新，甚至形成了某种程度的金融排斥。面对金融科技等新兴业态，这些国家的监管做出适应性调整和自我修复，以实现创新与风险的再平衡。这与一些发展中国家在金融科技发展之初的宽松监管环境不同。二是金融市场成熟度不同。相比新兴经济体，发达经济体的金融监管框架、市场运作机制及投资者的理性程度较为成熟，金融科技新业态的影响和渗透领域有限，相关金融风险相对可控，有条件采取适度宽松的监管措施。

2) 监管的出发点不同

监管的出发点大致分为鼓励发展、稳健推进和维护稳定三类。一是鼓励发展，如英国以积极培育金融科技产业、配合国家竞争战略为监管目标；二是稳健推进，如美国对金融科技的监管坚持功能监管和技术中性原则，不轻易改变既有监管框架，希望促进金融科技安全发展，也寻求将新兴模式纳入既有的监管体系；三是维护稳定，如墨西哥对金融科技的监管以维护金融稳定和防范非法经营为核心目标。

监管出发点不同的原因主要分为以下两点。

(1) 竞争策略不同。瑞士、英国、日本等国家的监管当局对各类金融科技的态度积极，主要因为其希望借助信息技术重塑金融的领先地位，重新获得国际金融规则制定的话语权。而马耳他、百慕大、乌干达等国家和地区给予虚拟货币等宽松的监管环境和自由度，也是为了寻求新的经济增长点。

(2) 经济发展的阶段不同。瑞士、英国等国家的经济发展更多地依赖金融服务等第三产业"虚拟经济"，鼓励发展金融科技匹配其当前经济发展阶段的产业结构特征。相对来说，一些新兴经济体正处于经济结构转型升级阶段，需要金融对实体经济的有效支持，严防资金脱实向虚是现阶段经济发展的现实需求。

3. 国际监管的启示与借鉴

梳理分析国际金融科技监管的动态趋势，深入探究一些国家和地区监管的差异及原因，有助于借鉴更适合我国实际情况的金融科技监管方式。

(1) 明确目标理念，把握监管力度。一些国家和地区对金融科技的监管围绕各自的出发点，以此权衡创新发展和金融稳定的关系。我国在完善金融科技的监管政策中也应结合服务实体经济、防范化解重大风险等战略目标，找准金融科技监管与发展的着力点、平衡点，促进金融科技持续健康有序发展。

（2）落实监管原则，拓展监管边界。一些国家和地区对金融科技监管基本认定金融科技的本质仍是金融，坚持功能监管原则，将其纳入监管框架，并采取"技术中立"原则，秉持对金融科技和传统金融监管的一致性。我国金融科技或保险科技的监管也应着眼于其金融或保险本质，落实功能性监管和技术中立原则，覆盖监管空白，防范制度套利。此外，一些国家和地区开始重视传统金融风险之外的新型风险隐患，尤其加强对数据、代码和算法的关注。对于金融科技技术潜藏的非传统风险，也应及时跟进、研判，确保算法、代码、数据等的安全性、稳健性。

（3）发挥比较优势，创新监管手段。一些国家和地区开始探索科技与金融监管的结合，以实现实时动态和全方位的监管模式，节省监管合规成本，应对金融科技发展的挑战。近年来，我国金融和保险科技的发展处于世界领先水平，具有比较优势，有基础将其应用于监管。同时，我国金融科技发展呈现出经营主体多、成长速度快等特征，应用监管科技实现实时监控、及时介入，有助于防范更加迅速的风险积聚。

（4）注重因地制宜，秉持宽严相济。国际经验表明，一些国家和地区对金融科技的监管受多重因素的影响，不能一概而论，都需结合自身实际情况。一些所谓的"创新"金融业务实际突破了监管规则，较为果断的规范整治具有合理性和必要性。同时，借鉴一些国家和地区在监管弹性调整中趋利避害的经验，在我国金融监管中应注重识别有利于多层次金融市场体系建设的创新模式，并加以鼓励和引导；对以创新为名进行监管套利甚至从事非法金融活动的行为，应及时研判，依法严厉打击。

二、大型保险公司的数字化转型之路

保险业在金融科技浪潮的推动下面临新的机会和挑战，国际大型保险公司为应对数字化挑战纷纷开启转型之路。为了实现全面数字化的目标，大型保险集团一般会先提出全局性的战略规划和构想，以及一系列与之相配合的具体措施。通览国际大型保险公司的实践模式，其在实施数字化转型前，往往需要内部"软件"和"硬件"都做好充分准备，"硬件"方面主要指IT运营层面的升级，"软件"方面则包括管理层、组织架构、人才配备等。

（一）某大型保险集团

某大型保险集团是世界领先的金融服务集团之一，在全球范围内提供保险和资产管理解决方案，在世界70多个国家和地区为1亿客户提供服务。该集团早在2010年之前就建设了一些基础性共享服务设施。2010年，为了进一步整合资源、降低成本，该集团建立了统一共享中心，推动集团向数字化转型。

2015年该集团提出"完全数字化"的目标，实现"数字默认(Digital by Default)"和"技术卓越(Technical Excellence)"战略，并设立了五大转型支柱：全球数字工厂、全球数字合作、完全数字业务、安联X(投资初创企业)、高级商业分析，从多角度实现数字化转型，如图3-1所示。

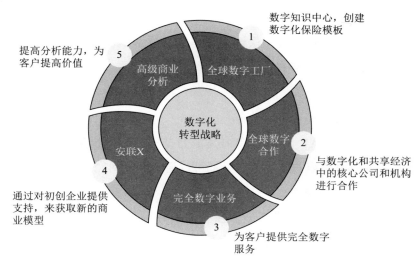

图3-1　某大型保险集团的数字化转型战略

资料来源：道口保险观察. 国外保险集团的数字化转型之路[EB/OL]. 2018 [2021-09-10].

1) 支柱一：全球数字工厂

全球数字工厂是指包括产品沟通设计、客户体验、标的物分析等产品生产流程及IT系统搭建的一整套体系。该集团全球数字工厂高度去中心化，由不同国家的专家和技术人员组成的客户体验专家团队在这一段时间内完成用户需求探索、跟踪数字化进程、将用户概念转化为数字型解决方案、将解决方案推广到其他国家的全过程。全球数字工厂强调以"客户为中心"，从实验、数据和测试结果中获知用户需求，通过实现端到端的客户与专家的直接对话，建立全新的"客户旅程"。在全球数字工厂中的各种资源是开放给各个团队的，可以放到本地系统里，根据不同的实体需求进行相应调整。从创意的提出到数字化解决方案的完成只需6～8周的时间。

2) 支柱二：全球数字合作

该集团与全球的合作伙伴一起建立了技术平台，平台上有来自不同国家的专家，所有的合作伙伴组成一个大的公司，一起推进全球数字化。

3) 支柱三：完全数字业务

该集团运用AI、大数据等技术，搭建了自己的模型。例如，若是用户车辆发生事故需要索赔，都可以通过互联网完成。

4) 支柱四：安联X

2016年，该集团成立一个独立的平台—安联X，安联X被称为"公司建设者"，致力于打造"保险技术领域识别、构建全球化的新兴业务模式"。安联X专注的投资领域包括移动出行、商业和住宅资产、互联健康、财富管理和退休规划、数据智能、网络安全等方面。

5) 支柱五：高级商业分析

该集团开发了诸多高级商业分析的工具，组建了数字工程师、平台分析师队伍，用AI、大数据等技术创造一个数据分析的网络，将整个集团的内容、战略及在不同国家的调整等各个维度的数据都能够整合起来。

从数字化部门的设立到数字系统的升级改造，从针对客户体验的保险流程改善到将新技术应用于保险产品中，该集团进行了由内部到外部、由试点到推广的数字化转型过程。在对外合作上，该集团不仅仅致力于投资并与拥有新技术的初创企业合作来驱动产品和流程的升级，还与其他保险公司合作建立区块链联盟、数据安全联盟等组织，成为新技术的探索者。

（二）某国际性跨国保险及金融服务集团

某国际性跨国保险及金融服务集团在数字化转型中，对于组织架构变革及管理团队的搭建颇具特点，如图3-2所示。

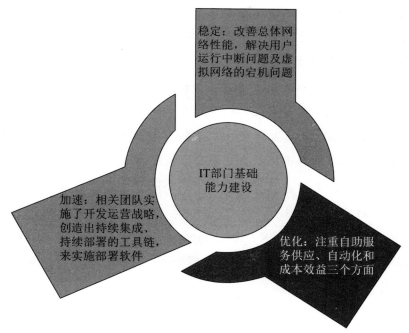

图3-2　某国际性跨国保险及金融服务集团IT部门基础能力建设内容

资料来源：清华大学国家金融研究院中国保险与养老金研究中心. 全球保险科技报告[M]. 北京：清华大学出版社, 2018.

2015年，该集团开始实施战略重组，并制订了将IT部门重组为单一机构的计划。2017年该集团技术部门正式独立，与财产保险业务、人寿保险业务平行，直接向CEO汇报。重组的首要目标是建设数字化基础设施能力。此外，该集团还构建了多元数字化管理团队。到目前为止，该集团已形成了 CDO、CSO、CTO、CIO 全方位的数字化管理团队。首席数字官(CDO，Chief Digital Officer)负责设计并提供客户体验层面的企业级数字能力；首席科学官(CSO，Chief Scientific Officer)负责搭建数据科学家团队，开展跨业务线、跨职能线的数据分析；首席技术官(CTO，Chief Technology Officer)负责IT部门的战略性重组；首席信息官(CIO，Chief Information Officer)负责公司全球信息技术系统和平台的建设。

在数字化技术的实际应用方面，物联网应用、索赔处理系统及网络安全方案已经成为该集团代表性的转型成果。该集团设计了6个场景下的物联网责任险；其客户导向型分析系统提升客户安全性，减少总损失量。随着网络风险的不断演变更迭，该集团使用了CyberEdge端到端风险解决方案。此方案联合了5家专业合作伙伴的预防性工具，包括K2 Intelligence、Risk Analytics、IBM、BitSight、Axio。从事前预防到事后处理，集团提供了全链条完整服务，包括创新性减损工具、违约处理团队等。

为了研究未来物联网中不同场景中的责任风险，该集团与芝加哥大学法学院合作构建了物联网体系模型，重点关注无人机、工业控制系统、智能城市、自动驾驶等场景下新兴的责任风险。集团还在克莱姆森大学投入400万美元建立了风险工程与分析中心，开发创新技术工具以减小风险敞口，运用大数据技术做出关键决策等。该中心的研究领域包括：建立灾难模型、研究供应链和物流风险、开发损失模型、建立风险预测模型等。

（三）某大型寿险公司

在推动数字化创新变革的过程中，某大型寿险公司的管理层充分考虑当前的商业模式和探索新的机会之间的平衡点，采用了"想法—孵化—实施"三步法推动整个企业的创新变革，如图3-3所示。

图3-3　某大型寿险公司"想法—孵化—实施"三步法

资料来源：欣思博商学院. 数字化转型扩展创新的"三步路"[EB/OL]. 2019[2021-09-10].

1）第一步：想法

第一阶段涉及在不断变化的数字环境中产生新的想法。为了开发这些想法，该公司依靠内部创新及外部合作伙伴关系、风险投资公司和研究型大学的关系。与合作伙伴的互动使得公司的员工和领导者通过新项目、新团队和新挑战向他们展示新体验。

2）第二步：孵化

许多公司都参与了该公司的"过早扩展"，这涉及在组织准备好之前尝试在整个组织中推动新概念。孵化阶段涉及生成最小可行产品、迭代，并让公司和市场确定该想法是否值得扩展。为了支持这一孵化阶段，公司与Techstars合作开发了一种加速器，用于识别和指导全球内部和外部初创公司。

3) 第三步：实施

在最后阶段，公司将扩展其创新试点。在此过程中，公司进行了大量的金融投资，风险变得更加严峻。为了应对这一挑战，组织应该将资金分配给他们认为最有希望的想法。为了资助这些想法，公司成立了MetLife Digital Ventures(数字化风投)，直接投资正在开发与该公司战略一致的、有能力的创业公司，还通过对以前的数字创新项目产生的储蓄进行再投资来扩大内部增长和创新机会。

该公司的数字化转型还关注到了如何利用数字创新为全球范围内以往服务不足的人群提供具有成本效益的服务。公司与IBM合作，为美国的小企业开发一个新的数字福利平台，在扩大产品使用范围的同时降低成本。随着经济的持续增长，该公司也在努力使其产品在员工离开公司或将其状态从永久性变为兼职时更加便携。在拉丁美洲，该公司正在使用社交媒体渠道提供应用程序和声明状态更新，以便接触无法面对面服务的工作人员。

三、保险科技公司的智能科技应用实践

保险科技不仅是资本市场投资的新宠儿，也是保险生态改善的润滑剂、保险服务经济社会的新渠道。大数据、人工智能、区块链、物联网等技术不仅助力保险公司挖掘长尾客户的市场潜力，也使产品定价更能合理地反映客户的风险成本。保险科技常见应用领域，如图3-4所示。目前，北美洲和欧洲国家处于保险科技全球领先的发展地位，因此学习和借鉴他们在保险科技行业的发展经验，有助于促进国内保险科技行业的发展。

图3-4　保险科技常见应用领域

（一）大数据应用

大数据是指无法在一定时间范围内用常规软件工具进行捕捉、管理和处理的数据集合，是需要新处理模式才能释放更强的决策力、洞察力和流程优化能力的海量、高增长率和多样化的信息资产。大数据具备大量、高速、多样、高价值的特征，如图3-5所示。

图3-5 大数据的"4V"核心特征

资料来源：Viktor Mayer-Schönberger, Kenneth Cukier. Big Data[M]. Eamon Dolan/Houghton Mifflin Harcourt, 2013.

美国保险科技企业主要运用大数据提升产品定价效率、获客效率及细分不同风险水平的群体。Hippo Insurance成立于2015年，位于美国加利福尼亚州，定位为一家提供全周期保险服务的代理商，在产品端与一家保险公司合作共同推出保险产品。Hippo的核心创新在于与公共数据库、数据公司开展合作，通过大数据整合，实现快速报价和投保。当客户在线投保时，只需输入地址、房屋类型、修建年份、楼层等简单信息，平台就可以在后台自动匹配房屋的关键信息、公共数据、卫星图像、智能家居设备信息等，并依托人工智能算法快速对房屋进行风险评估，实现快速定价和投保。

此外，美国还有许多类似的保险科技案例。例如，Lemonade基于智能客服收集的客户信息评估客户风险水平，实现精准报价；GoHealth通过搜索引擎、社交媒体等多个渠道营销，积累客户访问数据，并基于访问数据评估潜在客户价值，提升客户转化率；CloverHealth基于大数据技术为慢性病老年群体提供健康险产品和风险管理服务，扩大承保范围。

（二）人工智能应用

人工智能是在保险业应用最为成熟的技术之一，在保险行业的应用贯穿于全部业务环节，如图3-6所示。

图3-6　人工智能赋能保险业务流程

资料来源：道口保险观察. 保险科技技术发展趋势系列报告（一）——人工智能[EB/OL]. 2020[2021-09-10].

法国安盛、纽约人寿等保险公司使用Captricity公司的人工智能保单数字化服务，抓取手写资料或文件中的数据，利用图片识别技术将文档中的数据转为可读的数据集，并对数据进行分析和整理。瑞再等保险公司还使用了IBM Watson的虚拟代理人系统，通过认知计算技术与客户进行沟通交互，帮助客户在网页、移动设备上了解保险产品，回答客户的问题。

美国保险科技企业将人工智能技术应用于投保及理赔环节。Next Insurance公司有超过半数的保单是通过智能客服投保的。

Lemonade的AI.MAYA可以协助客户定制保单，完成在线投保。AI.JIM可以在3分钟内完成查看赔偿规则、核对保单、识别损失、欺诈行为判别、支付赔款等流程。美国保险科技企业智能客服机器人的人机互动程度较高，用户体验感较好。

（三）区块链应用

区块链具有去中心化的特点，区块链技术在保险业的应用，使得保险业也可以更顺畅地实现多方协作，并且较传统保险业务效率更高、更具安全性。

ChainThat是英国一家为再保险市场提供区块链解决方案的公司。它设计了一款区块链平台，在该平台上，再保险业务的撮合流程可以高效透明地自动化运行，并且杜绝了信息造假的可能，如图3-7所示。

ChainThat致力于利用新的分散技术为对等处理实现跨越式发展提供服务和解决方案，通过集中处理提升数据处理的成本和速度，提高数据质量。

La Parisienne Assurances是一家法国互联网保险公司，于2018年4月推出了iPaaS(Integration Platform as a Service)技术平台。该平台集成了公共API(Application Programming Interface，应用程序接口)和私有区块链的门户，允许产品和服务提供商构建和定制可靠的保险产品。在不到两年的时间里，La Parisienne就重塑了原有的商业模式，不仅建立起了一个"零阻力"的开放式保险商业体系，同时还保持了业务高速增长。

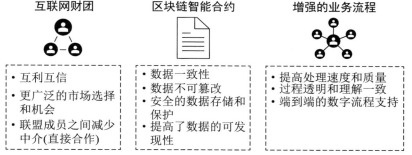

图3-7　ChainThat作为区块链解决方案供应商服务于再保险市场

资料来源：杨东. 英国金融科技发展对中国保险科技的借鉴[J]. 上海保险，2017(10)：8-13.

（四）物联网应用

物联网与保险结合后，可以使保险服务由主要面向"人"延伸到直接面向"物"和"环境"，推动保险服务向精细化、智能化方向发展。在国外的保险科技公司中，物联网在车险领域已经获得了广泛的应用和关注。

美国是最早发展UBI车险的国家，也是目前UBI车险市场规模最大的国家。Root Insurance作为UBI车险服务提供商，2015年成立于美国俄亥俄州，是美国第一家完全依托移动设备提供保险服务的公司。Root主要通过智能手机应用监测客户驾驶行为变量数据，经人工智能模型进行客户风险评估后，形成差异化的保险价格。与传统车险相比，Root可以帮优质车主节省最高52%的保费。Progressive公司也通过OBD(On-Board Diagnostics)设备获取车主的驾驶时间、驾驶习惯等数据，基于所获数据对用户进行风险评估及保费调整。

以色列初创公司MDGo开发了基于先进AI算法和机器学习模型的实时汽车事故分析技术。MDGo仅依靠车辆内部传感器或车联网远程方案，就能生成实时第一时间损失通知报告，同时分析出乘客伤害和汽车损坏情况，如图3-8所示。

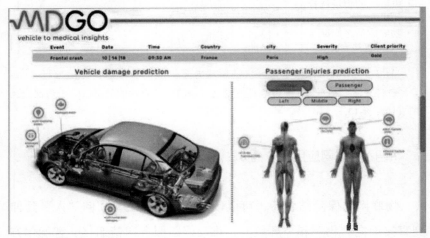

图3-8　以色列初创公司MDGo实时汽车事故分析技术展示

资料来源：佚名. 6秒钟生成伤情报告，实时事故分析系统让车祸伤员正确就医[EB/OL]. 环球网，[2019-09-05].

通过MDGo的实时洞察，保险公司可以自动化生成索赔流程，减少欺诈和索赔遗漏，同时为客户提供更快、更好的服务。MDGo的解决方案部署在以色列，并通过当地的车联网公司连接到25万辆汽车，实时向国家急救医疗服务中心报告车祸。

四、国际互联网保险公司研究

奥斯卡健保(Oscar Health Insurance)于2015年4月成功融资1.45亿美元，谷歌旗下的投资基金Google Capital为奥斯卡健保投资3250万美元，使得该公司的估值达到17.5亿美元。这只"独角兽"之所以让投资人另眼相看，一方面是因为奥巴马医改的红利，另一方面也是因为它在技术和思维上的创新搅动了美国健康保险市场的一潭死水。

1. 卖给健康人的健康保险

健康人对于保险公司来说无疑是最佳的客户。可惜的是，仅仅是语言的暗示和对理财前景的美好展望还不足以说服这部分人群。保险公司往往要面对一个尴尬的事实——健康的人不愿意买保险，而买的人又往往看中的是短期的回报。所以，在传统的保险模式中，精打细算的保险公司不得不在赔偿项目上费尽心思。复杂且缺乏透明度的条款使理赔的过程变得相当艰难，客户的满意度自然大打折扣。奥斯卡健保相信自己已经为健康保险行业找到了另一条出路。他们的方法并不是选择健康人作为自己的客户，而是让自己的客户变得更健康。奥斯卡为自己的会员免费提供可穿戴设备，如果他们每天步行的数字超过目标就会得到现金或者购物卡作为奖励。这样的做法吸引了更多愿意主动管理自身健康状况的用户，也表现出了奥斯卡健保和传统保险行业最大的不同。奥斯卡健保希望通过主动的干预措施降低会员的医疗费用，改变行业的规则。

2. 以科技连接患者和医生

奥斯卡健保自诞生以来就吸引了很多业内人士的关注，有人将它称为美国健康保险领域近二十年内的第一家创新企业。从直观上来说，这家公司最大的创新在于通过技术手段，将患者和医生直接联系到一起。奥斯卡健保通过手机客户端和网站，使得会员只需要在搜索框里输入描述疾病的日常用语就可以找到附近的医生。这种类似于地图搜索的功能对于奥斯卡健保的目标人群——在移动互联网环境下成长起来的年轻人有着天然的亲和力。在下拉菜单中，用户可以选择搜索某一类型的医生、某种药品或者医疗服务及医疗机构的地点。在奥斯卡的保险方案中，包括免费通过电话向医生咨询、预防性护理及通用名药物。从首页的搜索选项中可以看出，被搜索次数较多的包括妊娠、哮喘、抑郁、流感疫苗、腰痛和痤疮。在运用医疗数据方面，奥斯卡健保利用自己的搜索引擎搜集会员的医疗数据，并通过综合分析给出用户相关的建议。奥斯卡健保放弃了健康保险领域最大的几个客户群体——公司雇员、老年人和贫困人群，按照自身的优势把用户群体锁定在以往没有医保的年轻人身上。自从2010年奥巴马医改法案通过后，逐步完善的网上医疗保险交易市场让奥斯卡健保找到了自己生存的空间。2014年，奥斯卡健保的总收入是5690万美元，这些收入全部是通过网上交易实现的。

3. 与可穿戴医疗科技的深度合作

奥斯卡健保的投资人背景比较多元化，除了传统金融领域的投资者，还包括类似Google Capital这样拥有高科技背景的投资公司。有人认为Google Capital之所以看上这家健保行业的初创公司，是因为希望能够加速谷歌糖尿病管理可穿戴设备的研发和推广。奥斯卡健保在最初的发展方向上就已经对可穿戴设备表现出了浓厚的兴趣。而可穿戴设备的引入，也能够帮助他们更好地实现控制会员医疗费用的方针。关注此领域的投资人对奥斯卡医疗在糖尿病管理领域的可能性给予了积极的评价。他认为奥斯卡健保可能会成为健康保险领域第一家能够实现主动干预用户医疗费用的健保公司。糖尿病管理的优势在于世界上对这种疾病的干预措施基本上都达成了共识，而数据的搜集也轻而易举。奥斯卡目前已经实现了会员免费的电话问诊，对于糖尿病的患者奥斯卡也可以为他们直接配备一款糖尿病管理工具。目前奥斯卡健保聘请了45名工程师研发数据分析工具，这些工具不仅仅用来搜集患者的数据，还能以数据为基础为患者找到更适合他们的医生[①]。

---

① 佚名.奥斯卡：撬动美国健康保险模式的一只"独角兽"[EB/OL].宏财微略，[2016-12-10].

第四章

本土实践: 保险业数字化转型的现状与挑战

顺应数字化转型趋势，国内保险行业市场格局呈现出以下特点：传统保险公司基于既有业务优势，通过"金融+科技+服务"的探索和创新优化原有作业模式；专业互联网保险公司则以"科技+场景"为特色，寻求互联网保险的独特发展之道；中介公司则寻求两端突破，一方面建设数字化平台，另一方面细分市场和需求场景，深耕细分领域，努力形成在特定产业链环节的比较优势；保险科技公司则努力作为行业数字化转型的技术升级赋能者，发挥越来越重要的作用。

一、传统保险公司的现状与挑战分析

（一）现状与挑战

为积极应对数字化浪潮，传统保险基于不同的行业地位和资源禀赋，呈现出三种不同的数字化转型策略。其中，大型保险公司由于其数字化转型起步早、投资大，已于各自数字化转型的初期成果中获利，开始"扩建赛道，打造生态"，围绕自身业务优势，全面发展、构建保险生态，拓展业务边界；中型保险公司尚处于"选择赛道，科技赋能"阶段，聚焦业内成功实践，应用成熟技术，通过科技赋能"找长板，补短板"；小型保险公司受限于自身现状和能力，着重"赛道突围，探索细分市场突破"，主要聚焦于渠道，围绕业务模式和保险场景进行体验优化，并且以完善现有IT能力为主。

1. 保险公司现状

大型保险公司的数字化转型呈现以下六个特点。

(1) 内外部数字化体验并重。数字化驱动从以外部客户为中心，向涵盖客户、员工、代理人、合作伙伴、管理人员等更广泛的范围延伸。

(2) 中台化、云化。随着竞争加剧，对于快速扩展、敏捷响应前端需求变化的要求越来越高，因此整体数字化应用建设也逐渐由前向后，向纵深发展，构建专业化中台应用、共享技术平台、基础设施云化等成为热点。

(3) 全方位新技术应用探索。关注重点包括以提高客户体验为目标的客户信息识别、共享经济、可视化技术；物联网领域的智能家居、可穿戴设备；人工智能领域的预测性分析、智能机器人；数据领域的网络安全、数字技术平台、应用程序编程接口(API接口)和数据、区块链服务等。

(4) 统筹建设和敏捷管理成为主流趋势。以统筹建设的方式，充分发挥集团优势，追求协同效应；注重整体交付机制的敏捷转型，双速、多态成为行业数字化建设的热点。

(5) 组织与机制变革加速转型进度。在创新组织方面，从组织架构入手，设置首席数字官并成立相关部门，将IT部门职能向主动创新引领转变；在创新机制方面，构建数字化发展长效机制，立足长远布局。

(6) 内外通力合作助力转型进程。通过建立外部合作，多渠道增加技术触点。对于实力雄厚的保险集团，借助企业风险投资及孵化器、加速器，在全球范围内进行产业布局。

2. 保险公司转型的挑战

行业调研发现，与大型保险公司相比，由于自身规模及资源劣势，大部分中小型保险公司的数字化转型发展遇到以下挑战。

(1) 数字化尚处于基础支撑阶段。整体数字化转型创新的引领者仍然是头部保险机构或大型保险集团，中小型保险公司普遍处于吃力跟随的状态，多将数字化转型视为"生存"所需，未能借助数字化实现差异化竞争。

(2) 分散式建设，难以统筹考虑。由于数字化起步晚导致自身IT能力薄弱，数据基础较差，需要优先满足业务移动化、线上化的迫切需求；缺乏整体规划导致系统模块复用性差，技术应用零散化，未能实现统筹布局、降本增效的理想状态，业务智能化、生态化更是长期目标。

(3) 数字化机制不完善。大部分缺少数字化转型的主要领导、专有机构和配套机制，导致转型方向无人引领，数字化文化尚未形成，创新激励基本缺乏。

(4) 陷于数字化投入有限的窘境。人力、财力资源有限，原有IT部门员工疲于承担业务需求的基本工作，缺少精力投身于数字化转型建设和科技创新工作；资金投入大多是为追求短期回报，短期逐利的商业本能有悖于数字化成果在长期下才能获益的特点使部分机构轻视这项战略投资。

（二）典型案例分析

1. A大型国有保险集团

A大型国有保险集团将"科技化创新"作为公司"三化"战略的重要组成部分，全力打造国际一流、行业领先的金融科技，建设"科技驱动型"企业，以科技崛起引领重振国寿。2019年，该集团发布"科技国寿"建设三年行动方案和推进科技化创新的指导意见，全面推进数字化转型。未来三年，该集团将围绕"一转、六化、三协同"的总目标，以数字化转型为主轴，全力打造全集团"客户、销售、服务"三大协同平台，实现"一个客户，一个国寿"，全面构建数字化服务、数字化销售、数字化产品、数字化管理、数字化风控和数字化生态体系，实现各业务领域全渠道、全流程、全领域的数字化和智能化。

目前，该集团各类业务经营的数字化、智能化水平显著提升，在依托科技提高业务效率、优化客户体验、创新业务模式、促进业绩增长等方面取得了许多重要成果。该集团设立大数据及人工智能、物联网、区块链、保险科技等七大科技创新实验室，累计开展64项课题研究并取得阶段性成果；打造"国寿联盟"，实现了该集团旗下各App之间互联互通、互相跳转、相互引流，充分体现"一个客户，一个国寿"；建成全集团统一客户联络中心，实现了寿险、财险、养老险双向业务转办和数据互联互通，客户一次拨打，畅行各板块服务；推进全集团统一大数据平台建设，强化数据综合分析利用，为客户提供一站式综合金融服务；全集团构建的统一人工智能平台"国寿大脑"，为提升经营智能化水平提供有力支撑。

该集团各单位加快构建智能核保、智能理赔、智能客服、智能投资、智能风控等系统，各类业务服务、销售、运营、风控的数字化、智能化水平全面提升。截至2019年底，寿险公司新单核保自动化率达89.7%，个人保单自动化作业率达98%，常规理赔案件自动化率达75.9%；保全业务整体交易量E化率达到67%，理赔业务整体交易量E化率达到55%，全国无纸化投保累计推广率达97.31%；95519智能应答分流78.6%的进线量，反洗钱智能应用在全国上线使用，案件查证成本降低30%；全流程智能理赔率达60%，健康险最快理赔时效为2分15秒，重疾险实现"一日赔"。资产公司建成智能投研平台，大大提升投研效率；财险公司家用车自动核保率超90%，实现车险智能定损，运用智能图片识别技术实现小额车损案件快速定损，运用智能生物识别提升远程查勘及验标效率。

在新冠肺炎疫情期间，该集团"以客户为中心"升级线上服务举措。全面升级面向客户的各类 App，优化线上自助服务，让客户足不出户方便办理各类业务，为客户提供上千万次服务。推出"空中客服"，通过互联网视频为客户提供24小时全天候服务。为客户开设理赔绿色通道，提升理赔时效，推出"云端赔"等服务，避免客户接触，助力新冠肺炎疫情防控。同时，集团销售顾问紧跟时代潮流，通过微信、抖音、快手等社交平台，抓住私域流量，以专属小群交流或一对一授课等模式，实现线上多渠道客户服务，突破地点和时间限制，解答客户关于产品细节、保单服务、理赔咨询等问题，增强客户触达能力，提升客户服务体验。

2. B大型国有保险集团

B大型国有保险集团扎实推进向高质量发展转型的"3411工程"，加快数字化、创新驱动转型步伐，全力构建"保险+科技+服务"模式，数字化、线上化整体水平明显提升。以数字化转型中的线上运营工作为例，在集团运营和信息化委员会的指导下，开展了以下工作。

（1）建设上线了集团面向用户的一体化平台——集团App和集团统一综合电商门户网站及集团官网，实现了公司服务资源跨版块、跨渠道、跨地域、跨层级的协同共享，有效满足了用户一致性的服务体验需求。集团一体化平台基于集团新一代统一技术架构，融合各子公司保险服务，打造集保险销售、出单、保全、批改、理赔、续期、客户服务为一体的集团主业"一站式保险平台"。一体化线上平台聚焦"统一"，从客户视角精心设计了统一的注册登录、统一的个人中心、统一的保单管理、统一的在线理赔、统一的智能客服等功能；聚焦"连接"，通过线上化客户流程再造，将布局广泛、数量庞大的网点资源、队伍资源、客户资源、服务资源激活和串联，盘活集团线下优势，推动人保新旧动能转换；聚焦"赋能"，积极推进新技术的研究与应用，在平台引入人脸识别、智能推荐、客户画像、科技理赔等应用创新工具，利用技术创新推动科技赋能，实现保险供给模式和供给效率的升级。整合上线一年来，用户数量和活跃度快速增长，并在新冠肺炎疫情防控期间对集团客户线上服务发挥了重要作用。

（2）组建成立了集团线上运营共享中心。中心定位为各子公司共建、共享、共用，在集团公司统筹管理下共同推进集团线上化一体化触面运营，各类共享平台建设运营和一体化共享能力建设。中心的主要工作包括四个方面。一是负责运营集团App和集团统一综合电商门户网站及集团官网，运营集团客户数据平台、保单数据平台，以及集团直接管理的客户积分兑换和商城共享平台、智能技术共享平台和第三方服务资源整合共享平台等。二是统筹集团各子公司、各分公司线上平台的一体化协同，贯穿式地实施全集团一体化的线上运营。三是以线上平台牵引各子公司开展面向客户体验的流程再造，大力推进商业模式变革与技术变革的融合。四是把握行业发展趋势，推动实施保险服务的全面线上化、移动化、智能化转型。

此外，在信息技术建设面临保障系统稳定运行和加速技术创新的双重压力与挑战下，该集团财险于2017年积极探索和尝试网络新技术，不断研究云计算、云网络、云安全、网络智能运维和IPv6等相关技术与应用实践，规划新一代数据中心和广域网络架构，2018年率先在北京备份中心成功上线新一代数据中心SDN(Software Defined Network)架构；在2019年的二期项目中，下层云基础设施、中间层网络管控和上层全流程的系统，在规划、部署、维护、优化端到端的每个环节都引入人工智能，为后续大规模部署自动驾驶网络奠定基础。

3. C大型国有保险集团

在集团转型2.0战略的引领下，C大型国有保险集团将"数字"

全面融入企业的业务管理、投资管理、综合管理等各个领域。在技术支撑方面，完善"两地三中心"数据中心布局，推进"一云两核心"信息化基础设施建设，重点打造集团七大科技平台，提升该集团的科技化管控能力。

该集团的数字化战略有以下七项成果。

1) 打造聚焦C、B、E端移动工具平台研发

(1) 打造集团App(数字化生态)。整合集团各子公司客户端的统一移动在线门户和服务平台，解决客户无法在一个App上获取所有子公司产品服务的痛点。聚焦客户体验，App持续打通客户关键旅程的痛点和堵点；通过打造"千人千面"的App智慧运营，实现服务智慧提供、产品智能推送、消息个性引导及活动精细运营，全面提升客户体验。

(2) 构建"家园"大数据客户平台(数字化支撑)。为逐步解决客户数据孤岛问题，集团打造"家园"客户大数据平台，助力客户经营和资源共享。现已实现全司客户全量历史数据(超208T)的迁移整合，并首次利用大数据实时处理技术实现日增亿级(4亿~5亿条)数据的秒级同步，累计为集团及子公司科技应用提供统一的客户实时数据服务达8000万次。

2) 推进人工智能、大数据等在保险领域的创新应用

该部分主要有以下五大亮点。

(1) 以"阿尔法保险"为代表的数字化营销。基于该集团1.34亿客户大数据，通过机器学习算法、结合自然语言理解及智能交互技术，从家庭资产、家庭负债、家庭责任、收入来源和社会保险五个

维度评测家庭风险防御能力，进行保障缺口分析，提供保险建议。在实现保险知识普及的同时，为公司营销员展业获客提供了有效工具。

(2) 以O2O平台为代表的数字化渠道创新。通过线上获取商机给线下业务员成交的互联网保险销售模式，在获客、派单、展业等阶段，利用人工智能、大数据等先进技术手段，在传统寿险、长险获客难、营销员不了解潜在客户的具体情况下，科技赋能营销员，让营销员在获得更多互联网商机的同时，实时获取客户画像及需求，并通过智能助手有针对性地展业销售产品，提升成交转化率，形成跨C、B、E端的O2O业务闭环，打造行业领先的线上与线下联动的互联网保险闭环销售体系。

(3) 以"灵犀"系列智能机器人为代表的数字化运营。以视觉识别、语言交互、知识图谱等AI技术为核心支撑，实现客户服务流程的改善。

(4) 以"太睿保"为代表的数字化风控。产险智能减损"太睿保"产品运用生物科技、图像识别、人工智能、大数据等技术，可智能抓取司机不安全驾驶行为，赋能团车客户提升企业安全管理水平，降低事故率和大案率。目前已在团车客户中安装1.6万多台设备，安装车辆出险率下降幅度为39%，车辆事故导致人群伤害死亡率下降幅度达89%。

(5) e农险。融合空间遥感、地理信息、人工智能、物联网等前沿科技，解决了农险经营中精准验标查勘、客户信息收集两大痛点；同时优化再造业务流程，大幅提升了验标查勘工作的效率与质量，保障资料的真实性和完整性；着力防控自然风险、欺诈舞弊风险，保障国家专项财政补贴资金不受侵犯；为农户提供定制化增值服务，扩大农险服务内涵。

4. D大型国有保险集团

D大型国有保险集团强化科技创新应用，发挥科技第一生产力的作用，数字驱动转型，强化科技赋能。该集团数字化规划有以下特点。

1) 从终端用户入手，从用户终端需求出发，进行数字化建设，赋能A、B、C、D、E用户

(1) A销售人员："易行销"App助力销售人员"全代理人旅程"的数字化、移动化、工具化、智能化。

(2) B机构客户：通过开放API接口与专属应用系统提供无界综合金融服务，让合作机构逐步融入集团健康、金融、生活、养老等服务生态圈。

(3) C个人客户："太平通"App为个人客户提供一站式、全场景的综合金融客户服务，微信、网上营业厅、智慧营业厅、"秒赔"等形成线上与线下相结合的立体服务网络。

(4) D决策人员：高管驾驶舱确保决策人员全时掌握经营状况、实时获取业务数据、随时查看各类业务报表。

(5) E内部员工："易享太平"App提升智能运营、智能办公等系统应用水平，提供自动化、移动化、智能化的工作体验。

2) 建立集团级科技平台，实现集团协同共享

建立客户服务平台、智能销售平台、数字运营平台、智能风控平台、智能资管平台、管理决策平台、大数据平台、集团云平台、

智能技术平台等科技平台，赋能集团协同共享。例如：客户服务平台以"客户为中心"进行信息协同与服务推荐，提供个性化、智能化、一站式的服务体验，对客户进行360度全方位分析，为推进"一个客户，一个太平"综合经营夯实基础。

该集团云平台持续扩大平台建设和应用规模，优化管理制度，尝试在数据安全、基础网络、开源软件等方面创新应用，支持集团及所属公司各类系统的云化应用，并逐步形成对外输出能力。

3）建立统一的技术标准，构建新一代核心系统，夯实数字化发展根基

（1）核心系统改造。作为赋能计划的基础性项目，通过对核心系统的改造和优化，实现系统对管理赋能、科技赋能、资源赋能、机制赋能的支持。

（2）统一技术平台建设。为后续各专业子公司核心系统建设提供技术底座；基于统一的基础平台及组件，各专业公司构建差异化的核心系统。

5. E大型股份制保险集团

E大型股份制保险集团从战略层面高度重视数字化转型发展，在"精·智华泰"数字化战略愿景中，提出业务"精"、运营"智"的转型方向，以"场景突围""服务突破"和"运营突出"为三大目标。围绕代理人和客户两大主体，提出涵盖渠道、服务、产品、运营、风控、技术等多维度、可落地的12大数字化举措。

1）集团数字化战略举措

集团数字化战略包含四大具体举措。

（1）围绕"代理人旅程"和场景建设，实现场景突围。"智慧EA"和"智能代理人"提升业务移动化能力及智能化水平、"场景生态圈"和"华泰一账通"旨在积极开展生态营销，树立"一个华泰"的品牌形象。

（2）通过客户360度画像及服务智能化，追求服务突破。通过"客户画像及旅程"弥补客户洞察能力不足，"智能客服"提升客户体验及"投研一体化"平台，实现投资业务全流程线上化。

（3）以产品创新和智慧运营为核心，强调运营突出。包含"智能产品创新"解决产品同质化痛点，"智能运营平台"追求业务全流程线上化，实现运营端降本增效。

（4）以技术平台和云化管理，形成技术支撑。数据中台提升数据管理能力和促进信息互联互通，"华泰云"提升IT基础设施和运维管理能力，"华泰大脑"实现技术共享并提升开发效率。

2）集团的组织机制革新

为确保数字化战略落地，集团开展组织机制革新，主要包含以下四个方面。

（1）组织保障。计划建立数字化建设专属机构和专门职位，完善"常规IT＋数字化创新"职能；同时，配套设计相应的组织运作机制，以统建、统分和自建三种方式代替现有的完全自建模式。

（2）团队保障。通过增加IT人员数量解决人力不足和IT人员疲于满足业务需求、无暇顾及数字化创新的问题，同时，建立数字化人才机制，实现"找对人，用好人"。

（3）投入保障。对标行业数字化及IT投入平均水平，加大对数字化转型相关工作的资金投入，并设置数字化专项资金，确保战略实施。

(4) 机制保障。通过机制设计，保证业务方的积极参与，平衡数字化建设中的短期效益与长期矛盾，同时通过项目征集、评选评优等方式，鼓励全员创新。

6. F大型财险公司

2017年，F大型财险公司呼应集团"一三五"战略，结合自身科技转型目标，为适应数字时代的客户及行业的变化，提出"三新三聚焦"战略，即"新模式，聚焦客户；新业态，聚焦布局；新系统，聚焦科技"，打造科技驱动的客户综合经营体系。2019年下半年，为更好地推动"三新三聚焦"战略落地，该公司启动线上化、数字化、智能化的"三化"建设工程，旨在从客户、科技、生态三个重点领域实现突破，达成公司平台、数据、科技、生态"四领先"目标。

通过公司的数字化战略，取得了如下两大成果。

(1) 打造"两中台、一平台、双生态"科技底层架构。依托"魔方""筋斗云"系统两大数据技术中台，建立整合承保、理赔、增值服务的超级客户App线上化平台，从消费互联网到产业互联网，构建大地生态。通过"两中台、一平台、双生态"，该公司用高频场景满足客户，互动平台服务客户，精准数据理解客户，智能科技便捷客户，打造生态、平台、数据、科技"四领先"。

(2) 形成以科技大地为核心、"三位一体"扁平化组织架构。数字化转型是系统化工程，需要在开放的组织架构内灵活运行。为此，公司对组织结构进行了适应互联网的改造，建立敏捷组织，在内部形成产品、科技、运营"三位一体"组织架构，使组织具备有机整合、动态调整和跨部门高效协同的柔性管理能力，在这样扁平化的组织架构下，推进科技转型。

7. G股份制人寿保险公司

该公司是中国农业银行(以下简称农行)控股的银行系保险公司。自2018年以来，该公司紧跟农行数字化转型战略，依托农行的优质资源，运用互联网技术，将保险保障嵌入农行金融业务场景，开展保障额度与银行交易关联的"银行+保险"的"我的健康"活动。

公司通过农行掌银"生活缴费"等交易场景向广大用户推送具有70种重大疾病保障的"农银健康保一年期重大疾病保险"免费领取活动，连通公司云平台、辅助农行生物身份认证系统、农行智能线上营销推广系统、农行在线快捷支付系统等，有效赋能公司传统渠道，快速转化活动成果。同时，在此合作模式下线上化营销水平与科技支撑力度的提升探索，为推动公司下一步传统渠道的转型夯实基础。

8. H大型保险集团

在宏观战略层面，H大型保险集团坚持以客户为中心的经营理念，围绕大金融资产积极打造"金融+生态圈"，推进产业布局，打造个人客户综合经营生态。其个人业务基于"一个客户、多种产品、一站式服务"的客户经营理念，围绕"金融服务""医疗健康""汽车服务""房产服务""智慧城市"五大生态圈，聚焦"大金融资产"和"大医疗健康"两大产业，在"金融+科技""金融+生态"

的两个规划指引下，持续推动"科技赋能金融、科技赋能生态、生态赋能金融"，为客户提供更丰富的产品与更优质的服务。

该集团团体业务聚焦战略客户和小微客户，分层经营，打造一个客户、N个产品的"1+N"服务模式，满足客户的综合金融需求，同时积极运用科技手段提升客户体验，降低服务成本，以综合金融的模式服务实体经济，践行普惠金融。

该公司保险的业务数据化实践主要为构建客户数据全景图，实现数据驱动的、聪明的客户经营。在寿险代理人提升、产险客户价值提升，以及银行客户价值提升的场景下，通过运用客户价值管理体系的模型，推动由5万个标签、120个主因子、24家专业公司形成的画像书架，与2千多家合作伙伴合作产生的覆盖近亿人的数据集市。公司凭借大数据平台，对客户本身特性进行分析，定位和判断客户迁徙行为。其定位分析流程，如图4-1所示。

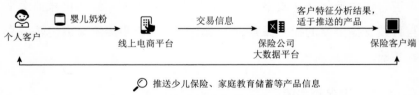

图4-1　客户迁徙定位分析流程

9. I大型保险集团

I大型保险集团基于"一切为了客户"的核心价值观，将"一身四翼"发展战略中的"数据阳光"纳入未来战略，并以其为整体战略的底层架构。集团在"数据阳光"的战略指引下实施以下举措。

(1) 通过搭建客户数据获取及分析相关数字化体系，对客户进行精准画像。围绕客户基础数据体系，搭建数据交换与支持、数据管理、产品服务和风险数据控制四大体系。基于对客户信息数据的获取、分类、分析等，对客户进行精准画像，并根据客户的画像进行客户分群管理、投保可能性、产品倾向性及客户服务提升需求等维度的分析，从而推动分类分级开发、精准营销、销售活动策划和线索推荐等商业行为。

（2）整合旗下各保险业务板块、资产管理板块和投资板块的资源，持续研发满足客户需求的产品。依托科技和智能为驱动，有效打通内部数据，开启从"一站投""一键赔"到"闪赔""疾先锋"的全线上智慧服务模式，加速推进线上化和智能化的服务创新进程，为客户提供线上一站式服务，进一步提升客户体验。

（3）借助与互联网保险销售平台合作或者跨界合作，打造场景化产品，创造在导流获客、数据应用、产品设计创新与营销等方面的收益。基于平台收集的客户大数据推出更多贴近消费者日常生活所需的特定场景化产品，进行客户流量导入。例如，作为该集团运动场景化产品的创新成果之一，集团每年免费向咕咚智能化平台线上马拉松用户提供200万份国内首款线上"E路保"马拉松保险。通过运动平台线上保单填写收集客户基本信息，帮助建立客户画像并设计产品。同时，随着全球新冠肺炎疫情的发酵，线下运动受限，凭借线上运动平台可触达更多关爱健康且具有潜在健康保险需求的客户。

（4）在集团层面成立了四大中心，并且在产、寿、信等保险子公司内部也分别成立了大数据应用相关部门。对客户数据进行统一管理和应用，将客户资源管理和数字化改造提升至公司战略层面，予以充分的重视。成立专门的部门或中心，成为集团层面数据品质方面明确的主责部门，并承担公司在客户数据管理及数字化领域研发创新的工作。四大中心具有各自的职能。

① 指挥中心：以新媒体技术赋能客户运营及营销宣传。

② 作战中心：对客户数据进行分析及统筹规划，基于客户数据分析结果，输出分析报告，反馈给业务部门及子公司进行实践验证、迭代优化。

③ 科技中心：追踪市场金融科技趋势，搭建数字化平台，进行客户数据的收集及清理，并将处理后的数据传输至作战中心数据智能部。

④ 支持中心：为作战中心进行客户运营、产品营销等商业行为提供后端支持，包括业务分析指导数据建模、管理积分商城、进行营销物资的采购与管理等。

二、互联网保险公司的现状与挑战分析

（一）现状与挑战

众安保险、泰康在线、易安保险和安心保险四家互联网保险公司，在产品设计、经营模式、客户体验方面与传统保险公司有较大差别(见表4-1)。由于在成立初期便特别重视科技投入和能力建设，其数字化建设模式和应用更体现互联网化的特征。

表4-1 互联网保险公司与传统保险公司的对比

维度	互联网保险公司	传统保险公司
产品设计	基于纯线上化产品销售形态营销，产品场景化、碎片化特征明显，部分产品获客性强于其本身的风险保障特性	相对于互联网保险公司，产品突出风险保障作用，较为同质化
经营模式	销售端：渠道以线上为主，支持7×24销售服务 运营端：采用大量自动化工具和用户自助界面，通过数字化重塑定价、营销、理赔等各个环节，最大限度减少人力需求	销售端：线上与线下相结合，以线下渠道和代理人推广为主 运营端：各公司已采用数字化手段辅助运营；在整体运营作业方面，车险标准化程度已非常高，自动化处理效率很高；寿险及非车险因为标准化程度相对较低，人工运营工作量大
客户体验	投保门槛：投保门槛降低，使客户受众面外延，提高投保成功率，从而赢得客户 办理时效：积极引入互联网产品思维，减少投保、核保、理赔等流程的处理环节及耗时，提升客户体验	纯线上化体验不如互联网公司；但具有线下渠道优势，代理人面对面服务客户，提升客户体验

资料来源：中国互联网金融协会互联网保险专业委员会，普华永道.保险行业数字化转型研究报告[R].上海，2020.

互联网保险公司数字化转型的四大优势如图4-2所示。

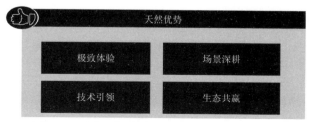

图4-2 互联网保险公司数字化转型四大优势

资料来源：普华永道.保险行业数字化转型研究报告发布会，2020[C].上海：进博会，2020.

（1）贯彻"以客户为中心"的极致体验。以客户体验为主，更加贴近用户需求，风控等业务流程及规则管控均围绕客户旅程进行优化设计。

（2）场景化特征鲜明。基于业务场景进行数字化应用建设，实现场景连接，服务场景需求，提升获客能力并优化产品设计。

（3）拥有过硬的技术水平。凭借自身过硬的技术能力，满足互联网海量交易、众多合作伙伴的对接要求，以及基础设施及交易系统的云化需求。

（4）实现深层次的生态合作。以科技能力输出作为核心竞争力，支持嵌入合作伙伴场景，实现更深入的生态合作。

同时，这类公司也面临数字化转型的四大挑战，如图4-3所示。

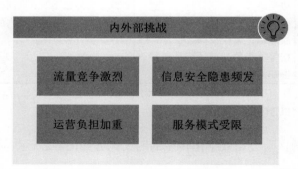

图4-3　互联网保险公司数字化转型四大挑战

资料来源：普华永道. 保险行业数字化转型研究报告发布会，2020[C]. 上海：进博会，2020.

（1）市场层面。市场竞争激烈，除同类型公司外，传统保险公司积极通过自有官网和中介网站销售产品，保险兼业代理机构及电子商务渠道也分流了一些客户。

（2）信息层面。由于业务在相对开放的网络平台中完成，网络与信息安全的风险隐患成为很多投保人的关注焦点。

（3）运营层面。互联网保险产品件均保费普遍较低，导致客户平均服务成本较高，给企业运营造成较大负担，同时对客户体验提升形成制约。

（4）服务层面。区别于传统保险业务，由于互联网保险在营销环节与客户直接交流较少，因此容易产生由于保险合同条款解释说明不足使客户形成理解偏差等问题。

（二）案例分析

1. 互联网保险公司

某互联网保险公司一直强调科技与场景、生态的融合，积极运用数字技术加强产品创新、流量争取、成本控制、高效运营，通过特定场景的标准化产品，满足市场对多元化产品的需求。该公司当前科技创新布局的重点是大数据、云计算、AI及区块链。

（1）大数据分析与云计算领域。基于云计算搭建了"无界山"保险核心业务系统，支持海量数据的存储与查询，并于2019年进行了全面升级。升级后的"无界山"能够支持千亿保单，且具有以客户为中心的保险业务中台，支持各业务线快速展业。此外，在大数据平台支持的基础上，该公司设置自己的后端和前端业务核心，对接合作开发平台，为用户提供标准化的解决方案。

（2）人工智能的研究与应用。公司对于人工智能的应用已覆盖保险业务的全流程。在智能核保环节可以通过智能问卷在1～2分钟内完成核保评估，为客户提供个性化保障，使20%以上过去无法投保的客户成功获得百万医疗保障，覆盖超过200种疾病，让客户可以针对自身已有病征直观了解承保条件。在理赔环节，结合OCR(Optical Character Recognition)图像识别，公司健康险24小时结案比率在50%以上，承保及理赔自动化率分别达99%和95%，实现快速理赔材料审核和验证。在客服环节，"众安精灵"建立起碎片化、定制化、高效化的顾问式客服模式，持续在线超过9500小时，提供逾2700小时的讲解服务，单日服务用户数最高达30万人，在线客服人工智能使用率达到70%，在线服务人力节省61%。

(3) 区块链领域。该公司在四年前就组建了区块链团队，加速区块链技术的应用。近年来针对供应链金融长期存在的造假风险、信息孤岛、信用传递难、履约风险高等瓶颈，推出"众企安链"，以"区块链+供应链"的"双链"模式，与企业共建安全可信的供应链金融生态圈。目前，"众企安链"已经逐步落地在汽车制造、物流、建筑、电子商务、医疗药品等供应链场景中，全面覆盖核心企业及其上游供应商的线上应收账款转让、融资、管理、结算等需求。

2. 互联网财产保险公司

某互联网财产保险公司自成立以来，始终以"保险+科技""保险+服务"为主要商业模式，专注于科技与保险的深度融合。通过保持开放性、松耦合性的IT架构，引入多元化的金融科技应用，并建立特色化的稀有资源归集制度，为企业数字化战略实施奠定了架构、技术和专业人才的坚实基础。下一阶段，该公司将以"工业化""定制化"和"敏捷化"为目标，通过敏捷组织和管理满足快速迭代的要求。同时加强数据治理和数据安全，应对技术应用不足对数据保护形成的挑战。

该公司数字化发展有以下两大成果。

(1) 人工智能技术"全面开花"。在人工智能领域，加强智能语音交互、智能客服、智能核保、图像识别的场景应用紧密度。核心技术自主研发、高度可控，融合泰康在线40项相关人工智能专利。其中，利用智能交互机器人完全取代了人工外呼的展业方式，解决了互联网保险业务中由于件均保费低而凸显的与客户交互成本过高的问题。

(2) 大数据应用"贯彻始终"。在大数据应用方面，围绕数据中台建设数据管理体系与数据价值应用，构建多维数据生态，提升数字化风控能力，助力业务品质控制，实现精细化管理。泰康在线依托企业级数仓，实现覆盖客户全旅程的全流程数据管理；建成数据分析平台，利用"规则+经验"，数字化赋能运营、风控等业务全链条。

三、保险中介的现状与挑战分析

（一）现状与挑战

保险中介公司正在向依托场景与流量的新型数字化保险中介平

台转型。中介公司将通过互联网平台切入碎片化场景，搭建场景下的保险渠道，延伸客户触达的同时反哺保险产品的研发与销售。

保险中介公司的发展趋势主要有以下两点。

(1) 竞争壁垒已出现向"产品+服务"的模式转变。开始为保险公司提供产品研发、用户分析等服务，为客户提供风险管理咨询、保障方案定制等服务，为保险代理人提供移动展业工具等服务。

(2) 行业内的多元主体更多转变为竞合关系。以平台积累的客户数据为基础，与传统保险公司合作开展客户需求分析、保险产品开发等；数字化中介平台将在开放的生态中通过连接各合作伙伴的能力，提供综合解决方案。

保险中介公司正面临以下挑战。

(1) 保险中介市场将迎来全渠道监管。有关部门高度重视保险中介行业的乱象问题，并已逐步通过监管手段，对运营管理活动提出新要求。

(2) 互联网平台加码保险业务对传统保险专业中介机构形成冲击。一方面，互联网保险平台会引起保险的"脱媒化"，挤压中介机构的生存之本；另一方面，互联网大数据优势，挖掘客户更加精准。

(3) 传统保险公司的"去中介化"趋势显现。保险中介在利用金融科技助力自身业务发展的同时，也为自身发展埋下隐患，如借助算法进行"智能保顾"，在提高用户转化率的同时，也加剧传统保险公司的"去中介化"趋势。

（二）案例分析

1. 慧择经纪

慧择经纪自成立以来，逐步利用互联网模式及技术，形成为用户提供产品及一站式服务的平台。慧择经纪坚守"长期险"赛道，敏锐捕捉私域流量崛起的趋势，走出差异化发展道路，有效规避短险在用户留存及规模效应上的天然短板，与客户建立真正的联系与交互。

慧择经纪的数字化现状如下。

（1）自主研发应用工具，效益明显。其开发的保险在线对比工具、智能核保工具、协助理赔系统等，将复杂的保险产品和服务标准化、简洁化。如智能核保系统，可以在一分钟内根据特定疾病给出具体的核保结果，而不是简单的"拒保"结果，提升客户体验。

（2）客户需求画像初见成效，努力通过外部数据进行丰富完善。慧择经纪已积累了3000多万用户的基础数据，包括用户年龄、婚姻情况、有无子女等方面，能构建相对简单的用户画像，未来将引入第三方数据源，如医院网络、体检机构、可穿戴设备供应商等，继续丰富数据维度。

此外，慧择经纪为应对传统保险公司的"去中介化"，做出以下四大变革。

① 产品类型。依据市场需求，通过基于大数据的科学分析，提

升长期险销售比重。

② 数据应用。通过数据建模，与保险公司合作进行产品设计、定价、风险识别，提高保险公司利润率。

③ 商业模式。积极加入保险的全产业链之中，延伸参与至保险产品设计、核保定价环节，打造业务闭环。

④ 合作方式。创设激励相容的佣金模式，与保险公司加强合作。

2. 大童保险服务

2015年，大童保险服务正式启动数字化战略，其数字化战略分为两个阶段。第一阶段是截至2017年的O2O战略，推出科技平台加专业顾问的人机结合服务模式；第二阶段是2018年至今，由O2O战略升级为OMO(Online-Merge-Offline)战略，即线上融合线下的数字化服务平台。该策略从科技手段与线下流程的融合，扩展至线上、线下运营的深度融合，使保险顾问可突破时间与空间的局限，更高效、更友好地服务于广大保险顾客。

大童保险服务的数字化战略取得了两大成果。

(1) 推出保险服务产品"童管家"，一站式解决保险全生命周期的服务问题。将原本无形的客户服务，变成有形的、可输出的"产品"，强调自身的"服务属性"，借助科技手段赋能专业保险服务顾问，使保险顾问以第三方客观中立视角，一站式提供保险咨询、方案定制、保单托管、好赔代办和医疗健康服务。

(2) 业内首创智能化全面保单托管服务工具，打破不同保险公司的服务壁垒。2018年上线至今，基于大数据和先进的责任拆解、责任聚合技术，已为超过50万个家庭提供服务，托管保单230万份，为大童保险服务顾问给客户提供全场景咨询服务赋予了专业的科技支持。

大童保险服务在数字化转型的过程中遇到了以下两大挑战。

(1) 行业内缺乏统一的IT标准，使平台对接复杂性增强。保险中介公司需要与多家公司、多种平台进行打通连接，由于缺乏统一的标准，大童保险服务需要在进行多方数据连接的同时，一并建设标准。

(2) 公司从业者尚未适应数字化工作模式，需要借助专业团队的力量。一方面，在数字化运营体系构建方面，需要专业的外部团队提供帮助；另一方面，随着数字化平台运营的推进，对公司内部不断提出新的需求。

3. 微民保代

微民保代在2017年上线后，充分利用腾讯背后的平台连接和大数据处理能力，为不同的用户推出精准化的场景化保险产品，实现精准化营销。微民保代以大数据分析为基础，搭配高效的平台连接能力，对潜在用户进行精准化营销，让金融与科技之间的联系变得更加紧密。

微民保代取得了以下两大成果。

(1) 风控缩减成本。微民保代将"风控引擎"作为核心武器应用于各维度业务数据管控理赔风险，打造注册、销售、流程、理赔四重风控体系，再配合精密的人工智能算法，降低保险产品的边际成本率，从后端节约保费价格，提高理赔效率，更符合互联网保险产品风险识别控制高、产品种类定价低的特点。

(2) 用户至上的产品设计，极致化用户体验。2019年推出的"微保管家"服务，是真人客服与AI客服相结合，为用户提供从投保到理赔的全程一对一真人管家服务，通过"管报案、管过程、管结果、管体验"四大流程帮助用户争取合理权益，尤其在新冠肺炎疫情期间，这种线上绿色通道体现出数字保险的优越性。

四、保险科技公司的现状与挑战分析

（一）现状与趋势

保险行业整体的数字化转型是一个漫长的过程，需要多方参与者的共同协力推进。基于保险科技前景可期的市场预判，大量保险科技公司快速崛起，如车车科技、豆包网、爱选科技等，以及广义上与保险公司合作，提供软、硬件平台、系统技术、数据分析等服务的技术服务商。这些企业在商业模式、业务模式方面各有布局，以解决保险链条上不同环节的痛点为目标，在保险流程的各个环节尝试创新，在提供快捷保险服务的同时，构建多元的保险科技生态圈，如图4-4所示。

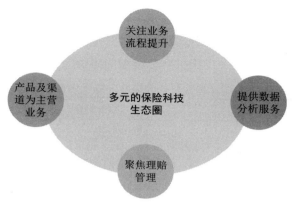

图4-4　四类主要的保险科技公司

资料来源：普华永道.保险行业数字化转型研究报告发布会，2020[C].上海：进博会，2020.

保险科技公司依据主要业务的不同，可分为以下四类。

(1) 以产品及渠道为主营业务的公司。初创公司最集中的领域。主要关注直销以及保险产品的个性化，提升保险客户的用户体验。

(2) 关注业务流程提升的公司。占据保险科技行业约五分之一的市场份额。专注于提供外包的保险技术服务及技术驱动产品，包括数字化营销、承保、结算、理赔以及员工福利相关服务。

(3) 提供数据分析服务的公司。专注于分析开源数据及外部数据，或者为数据驱动的决策过程提供协助。包括可以量化风险的数据挖掘和建模公司，以及提供自动化机器学习技术的公司。

(4) 聚焦理赔管理领域的科创公司。专注于理赔管理流程的流畅化、自动化。通过使用AI及其学习技术提供理赔管理软件及移动应用，在理赔流程中进行数据抓取、自动化分析，也可以提供远程侦查技术以协助理赔。

（二）案例分析

国外保险科技公司助力数字化转型的案例如表4-2所示。

表4-2　国外保险科技公司助力数字化转型案例

公司	领域	相关业务	国家
Instanda	公司赋能	在较短时间内辅助保险公司建立、发布、分销和监控新的保险产品。通过整合问题集、承保流程、档案编制、评级引擎和消费者旅程，让保险公司更快地应对市场需求变化	英国
Digital Fineprint	营销销售	通过将在线公开数据(公司评论、政府统计、社交帖子和来自各个公司网站的数据)与保险公司数据结合，创造出一种潜在客户和现有客户的独特视角，然后部署机器学习算法来更好地预测客户需求	英国
Luther Systems	运营管理	区块链专业创业公司正在为保险巨头Aviva公司开发一款简化合同的定制产品。Luther的技术承诺是使用模板创建智能合约，安全发放给相应合约方直接签署	英国
Hippo Insurance	产品开发	简化保险办理流程，房屋主在网上约60秒内快速获取报价并购买房屋保险。通过使用技术优化潜在保单持有人的定价，其提供的保险价格与同类保险相比可节省高达25%，并提供技术支持设备，如泄露检测器和其他IoT(Internet of Things)工具，来监控住房并确保它的维护	美国
Lemonade	运营管理	将人工智能及其背后的机器学习与保险流程深度结合。在投保方面，Lemonade基本实现无中介和无纸化操作，直达C端，从注册到支付保费，一般客户只需2～3分钟即可完成。在承保方面，借助深度学习技术，对投保单进行甄别，拒绝部分高风险的投保单，降低损失比率。在理赔方面，智能机器人通过算法核对保单及进行反欺诈核查后，决定是否赔付	美国

公司	领域	相关业务	国家
Sureify	客户服务	搭建客户与寿险公司终身沟通桥梁的电子平台。该平台让保险公司与超过250种的可穿戴设备和移动设备连接，在客户允许的前提下，采集和分析客户的运动及健康信息(心跳、血糖、血压等)，评估其健康状态，提供实时保险定价。此外，通过与客户手机的健身及饮食类应用程序协同工作，将投保人的健身和饮食计划完成情况与保费挂钩	美国

资料来源：中国互联网金融协会互联网保险专业委员会，普华永道. 保险行业数字化转型研究报告[R]. 上海，2020.

1. 车车科技

车车科技是专注保险数字化交易的科技公司，依托强大的技术基因、深厚的行业运营经验，重构传统车险交易体系，创建保险数字化交易服务平台，全面提升保险交易效率，降低保险交易成本，拓展保险交易边界。

车车科技拥有凌云(SaaS(Software-as-a-Service)化服务工具平台)、磐石(供应链智能合约平台)、天境(车险风控引擎)和百川(保险公司对接效能平台)四大系统，推出车保易(车险代理人出单利器)、车车车险(车险全流程电商交易平台)、阿保保险(智能投顾专家)等产品，打通保险公司接口调试、集合报价、智能核保、险种选择、支付出单等各个环节，为客户提供车险出单、报价、核保、支付的一站式服务，实现车险交易线上化、运营智能化。

对保险公司的赋能表现在以下两个方面。

(1) "全流程"闭环服务。应用SaaS、智能化数据，通过自主研发的凌云、湾流、磐石三大系统，打通保险公司在线交易壁垒，为用户和场景端提供报价、核保、支付、出单一站式交易平台。

(2) "线上+线下"全方位赋能。深耕线下基础设施建设，并与线上场景端融合，纳入今日头条、百度地图、途虎养车等头部互联网公司，以及线下洗车、养车、维修、加油等连锁门店，将单一的车险交易丰富为"人、车、生活"的综合保险生态圈。

2. Twinner

德国初创公司Twinner是汽车检测领域的新星，堪称"未来的汽车扫描仪"。它借助数字孪生技术全方位复制车辆，形成车辆从内到外的数据映射，让观察者掌握包含车辆内外部高清图片、底盘扫描成像、制造商技术数据，以及车辆划痕、重漆、部件损坏等全方位的完整数据集，使汽车状况更加透明化。

Twinner通过360度拍摄车辆，现已实现在几分钟内对车辆进行数字化和可视化，生成汽车完整数据集，其中包含汽车的所有相关数据、特性和缺陷，从而实现自动化、精确化评估车辆状况。

对保险公司的赋能表现在以下三个方面。

(1) 欺诈防范。在保险开始前或合同期限内，评估、记录车况，特别是已经存在的损坏，实现车辆信息的高度透明及加强可掌握信息的深度，从而降低欺诈风险。例如支持技术检验机构进行数字评估，并在发生保险索赔时作为证据。

(2) 成本集约化。同业车险查勘需要检查员完成耗时的检测或查勘工作；而Twinner扫描仅需2分钟，极大地节省了时间和金钱。

(3) 检验标准化。Twinner对于车辆的评估是科学、客观的自动化流程，因此外在条件和人为因素的干扰都可以有效降低，从而实现同辆车产生相同的结果，并且可以跨时间和地理位置进行比较。

3. 豆包网

豆包网是一家面向保险机构提供营销、运营、理赔一体化等技术解决方案的智能科技服务提供商。公司核心管理团队拥有"保险+互联网+AI"融合背景，深度理解行业痛点，业务涵盖互联网技术开发、保险服务、风险管理和金融监管领域。

豆包网先后推出为保险公司、中介机构及保险代理人实现一站式整体解决方案——"豆包数云"、专注于团险营销的员工福利智能工作台——"福利优佳"、全周期健康管理平台——"健康优选师"、专注于代理人端的数字化营销展业工具——"智能保典"、专注用户端客户服务的快捷平台——"豆包管家"等系列保险增值服务产品。

对保险公司的赋能表现在以下两个方面。

(1) 一站式管理服务系统。通过豆包数云SaaS系统为中介机构搭建场景，为保险公司输出场景，为保险上下游和增值服务商提供一体化在线数据服务，从而赋能万亿保险存量市场，激活新增保费增量市场。另外还打通了医疗电子病历的数据，通过智能客服的数据打通了保险公司的契约数据，并对这些数据做了横向维度分析，帮助保险中介更好地服务和理解客户，降低了决策成本，提高了销售转化率。

(2) 数据驱动智能服务生态。豆包网通过主导生态建设，积极展开与外部的生态合作，先后推出围绕保险公司、第三方服务商、保险中介机构、代理人、用户等的一系列产品及服务，不断深度连接保险产业各方，以大数据与云计算为驱动，利用人工智能为中介市场赋能。在保险服务生态方面，目前已建立了包括养老、体检、慢性病管理及200余家增值服务商等保险服务生态合作伙伴。

4. 亿保创元

亿保创元是一家聚焦保险数字化风控的保险科技公司，依托深厚的保险行业数据应用知识积累和领先的算法建模能力，创建保险数字化风控服务平台，为保险公司提供贯穿保单全生命周期的数字化风控应用整体解决方案和一站式平台服务。

亿保创元拥有"保盾云"智能保险服务平台(SaaS化服务平台)，可以为保险公司用户提供更加智能和敏捷的保险科技应用解决方案，包括基于智能算法的差异化智能核保风控服务及个性化保险定价服务等。亿保创元通过科技赋能不断帮助保险公司提升产品销售、风险控制和服务触达的能力，推动保险公司业务不断健康稳健发展。

对保险公司的赋能表现在以下两个方面。

(1) 差异化智能核保风控服务。基于亿保创元"保盾云"智能保险服务平台，充分利用大数据技术预测保险客户的潜在核保风险，提高保险公司对风险因素的感知、预测及防范能力，保障保险公司的运营服务质量和持续稳健的经营能力。打破当前保险公司"一核定终身"的传统核保模式，基于亿保创元"保盾云"智能保险服务平台，通过多变量选择的数据模型，在跨时间、跨场景的多维度空间对保险客户进行实时动态评估，实现"动态核保"。

(2) 个性化保险定价服务。通过大数据技术对互联网场景化风险进行精细化预测及更全面的风险评估，从而开发出基于不同业务场景的创新型险种，实现产品的个性化定制与客户的精细化定价。

5. 爱选科技

爱选科技成立于2017年，植根于流量平台提供创新保险，通过第三方保险技术平台，以精算技术为基础，结合互联网科技，致力于通过技术实现保险交易公平，消除信息不对称，最大化消费者利益。

爱选科技作为数据流量机构和保险公司、再保险公司之间的"连接器"，帮助数据与流量公司精准使用平台数据，建立清晰的用户画像作为风控和定价的依据进而确定产品形态，再与保险公司、再保险公司合作反向定制保险创新产品，为保险公司或流量渠道双向赋能，间接为消费者提供性价比更高、更贴合需求的创新保险产品。

对保险公司的赋能表现在以下两个方面。

(1) 智能算法引擎，优化传统产核销流程。爱选科技发挥自身的数据分析和精算技术优势，开发"健康风险智能评估引擎"，对个人的运动行为数据、体检数据和糖尿病人等的医学数据进行细致的研究分析，辅助保险公司开发出一系列针对老年人群、慢性病人群及其他特殊人群的保险产品和智能核保风控流程。

(2) 动态风险追踪带动动态风险定价。动态保险精算定价系统可以通过数据驱动和精算技术针对目标市场和目标人群进行精准定价，辅助保险交易更加公平公正。老年险和糖尿病险等保险产品进一步丰富了保险市场，使更多传统保险很难覆盖到的消费者享受到了保险的保障红利，智能核保风控流程降低了逆选择的风险，实现了保险消费者和保险公司的双赢。

6. 航天信德智图①

航天信德智图(北京)科技有限公司(以下简称"航天信德")作为中国农业保险十大赔案中唯一的卫星遥感服务商，以及中国银行保险监督管理委员会农险新技术试点企业，通过遥感卫星验标和查勘定损，致力于推动农业类、林业类保险业科技进步与数字化转型。

应用卫星遥感手段查勘定损，是向上游卫星发射运营商提取相应时段、相应区域卫星过境拍摄数据，对承保受灾地区进行整体全域、全面积覆盖独立第三方卫星(国家卫星或商业卫星)灾情拍摄和采集，排除人工干预环节，其整体准确性、公正性与可信度都高于传统手段。

航天信德与行业头部商业遥感卫星公司形成紧密的战略合作，高密度、高效率地调集多家、多颗、多门类、多时相遥感卫星，"星"夜拍照、专利技术和AI算法并行分析处理。在同一时间的全球范围内并行进行20个以上的查勘定损项目。该类机构努力对定损任务实施快速响应，在10分钟内明确项目经理责任人，在30分钟内完成查勘定损方案计划，在1小时内调动卫星拍摄，在24小时内到达灾害现场，确保项目高质、高效完成。一个项目一般在3~7天内实施完成并交付用户，定损成本远低于传统手段。

---

① 航天信德智图. 遥感卫星承保验标和查勘定损流程与案例 [R]. 北京，2020.

第五章

保险为民：数字保险助力实体经济高质量发展

一、保险科技服务"三农"，助力乡村振兴

（一）政策指引

2022年1月4日，中共中央、国务院发布《关于做好2022年全面推进乡村振兴重点工作的意见》，强调必须着眼国家重大战略需要，稳住农业基本盘，做好"三农"工作，接续全面推进乡村振兴，确保农业稳增长、农民稳增收、农村稳安宁。农业保险在抗灾减灾、灾后恢复生产、促进农业和粮食生产发展，以及保障农民收入方面有着积极的作用。2019年10月9日，中华人民共和国财政部、中华人民共和国农业农村部、中国银行保险监督管理委员会、国家林业和草原局联合印发了《关于加快农业保险高质量发展的指导意见》，设立到2022年，稻谷、小麦、玉米三大主粮作物农业保险覆盖率达到70%以上，收入保险成为我国农业保险的重要险种，农业保险深度(保费/第一产业增加值)达到1%，农业保险密度(保费/农业从业人口)达到500元/人的目标。

为承接2018年开展的三大粮食作物完全成本保险和种植收入保险试点工作，2021年6月29日，中华人民共和国财政部联合中华人民共和国农业农村部、中国银行保险监督管理委员会印发《关于扩大三大粮食作物完全成本保险和种植收入保险实施范围的通知》，

决定扩大三大粮食作物完全成本保险和种植收入保险实施范围。该项政策意在进一步提升农业保险保障水平，推动农业保险转型升级，增强农业保险产品吸引力，稳定种粮农民收益，支持现代农业发展，保障国家粮食安全。

（二）转型热点与实践

在农业保险发展备受重视之时，科技也成为重要的赋能工具。随着保险科技更多地介入，农业保险的广袤市场将迎来更多的机会。农险的科技化与农业的科技化息息相关，针对农险在精确承保、理赔中的难点，目前业界有以下科技服务。

1）地图应用

使用地理信息系统，通过遥感初步标定及实地修正获得地块信息标记，精确划定承保范围，帮助厘清损失，如图5-1所示。此技术简称为"3S"技术，即卫星遥感技术、地理信息系统和全球定位系统的总称，其缩写分别为RS(Remote Sensing)、GIS(Geographic Information System)、GPS(Global Positioning System)。"3S"技术在农险监管上也获得了应用，北京市农村工作委员会在中国农业科学院的技术支持下建立了国内首个农业保险综合服务平台，利用"3S"技术实现了"农险一张图"功能。可以通过浏览地图的方式，看到每个地块的所有保单信息和报案及理赔情况，使得重复投保等套取补贴资金的违规行为无处遁形，补贴资金的去向更为清晰，农业保险风险也可以有效估算。

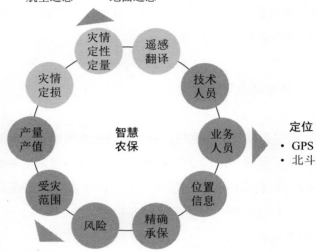

遥感
- 卫星遥感 • 无人机遥感
- 航空遥感 • 地面遥感

定位
- GPS
- 北斗

地理信息
- 水纹数据 • 种植结构
- 行政区划 • 气象数据
- 地块信息 • 病虫害历史数据
- 土质数据
- 农产分布

图5-1 智慧农保遥感监测应用

资料来源：飞燕航空遥感. 遥感技术应用风口：飞燕遥感智慧农保解决方案[EB/OL]. 2020[2021-09-11].

2) 科技赋能查勘定损

一是使用无人机进行查勘，无人机可以克服受灾区域分布广阔、道路行走艰难等困难；二是通过部署在土地上的传感器和遥感信息，提供风险防范服务，帮助理赔定位，协助定损。

3）农险种植服务

The Climate Corporation (TCC)利用先进的数据及分析技术为农业生产管理提供决策支持，提升种植利润并且降低风险，通过代理门户对业务效率进行管理，并为种植者提供风险管理建议。

4）物联网

借助物联网技术，智慧农险可以更方便、快捷地获取相关数据，包括种植、养殖环境信息、标的生长信息等，这些关键信息均可以通过物联网设备进行抓取，在各类物联网设备中，温度传感器、湿度传感器、二氧化碳浓度传感器是目前在物联网中应用最为广泛的传感器[①]。在种植业中，通过传感器监测及对大棚中温度、湿度等种植环境因素进行记录，当因素数值超出或回归条件阈值时触发系统预设条件，调用其他设施进行环境调控[②]。

5）RFID标识

RFID(Radio Frequency Identification)技术在智慧农险的各个领域中被广泛应用。农牧场为每头牲畜佩戴RFID身份标识卡，并且为牲畜分配了唯一的身份ID以便观测，建立了牲畜的详细履历，使承保理赔更加有据可查、客观公平。RFID标识在农产品追溯流通中的应用，使各个环节的产品信息得到采集、监控和管理，增加了保险业务整体风险保障能力，提升了产品的附加值。目前，RFID标识已经在国内的保险公司的农险业务中得到了应用。例如，人保财险在

[①] 龙禹桥，徐伟强，蔡剑，等.智慧农险关键技术及应用分析[J].中国农业信息，2019，31(6)：93-106.
[②] 唐金成，李笑晨.保险科技驱动我国智慧农险体系构建研究[J].西南金融，2020，(7)：86-96.

广西采用给能繁母猪注射植入式RFID电子芯片的方式来进行风险管控：在承保前，先给能繁母猪皮下注射RFID电子芯片；承保时，在植入芯片的位置用智能识读器进行扫描读取并自动拍照记录，数据存储于识读器中；回到公司后，将数据导入到系统管理软件当中，通过系统自动生成投保清单完成承保；当发生理赔时，再用智能识别器扫描出险标的，如果记载的电子序列号和承保时的相符，则可以获得保险赔付。

二、保险科技注入汽车产业链

（一）政策指引

当前，我国汽车产业链和供应链处于高质量发展阶段，上游供给侧体现先进制造业的发展质量，下游需求侧既关联扩大内需的一手车销售，又蕴含着前景广阔的二手车交易流转，中游新旧能源更替代表未来节能减排的科创标杆。近年来，随着经济进入新常态，新车销售量增速下降，商车费改致使竞争加剧等因素共同影响了车险保费的增速。2020年9月3日，中国银行保险监督管理委员会发布《关于实施车险综合改革的指导意见》，旨在深化供给侧结构性改革，实现车险高质量发展，这也使得短期内各家财险公司在车险价格方面的竞争持续进行。

与此同时，国家越来越重视智能汽车相关技术的发展，近几年智能汽车行业的国家鼓励政策不断加码，如图5-2所示。汽车行业的不断科技化，也为车险市场带来了不同的机遇与挑战。

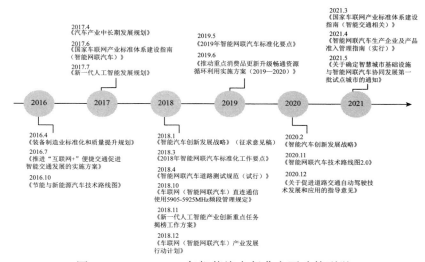

图5-2 2016—2021年智能汽车行业主要政策列举

资料来源：中商产业研究院.2022年中国智能网联汽车行业市场前景及投资研究预测报告[R]. 深圳, 2022.

（二）转型热点与实践

目前在保险科技与汽车产业的融合方面，业内主要有以下尝试。

1) 产品形态新风险

新的技术带来新的未被覆盖的风险，如新能源汽车拥有特殊的动力系统和独特风险的车型，可以联合汽车生产企业及平台构建依托技术和数据的电动汽车保险风控评价体系。未来随着自动驾驶技术的成熟，现有车险形态可能发生深刻变革。

2) 乘用方式新风险

共享出行的快速发展不仅给车险业务带来了发展机遇，也在定价、风控等环节向保险公司提出了挑战，如对于同一车辆标的，驾乘人员多样化，终端客户、平台与保险公司的责任边界模糊等，均是保险公司需要考虑的因素。

3) 基于使用的定价

UBI的全称为Usage-based Insurance，是指基于驾驶行为的保险。UBI运营的难点是车辆行驶、人员驾驶信息的采集、存储及使用，面临着采集设备成本、对接成本、消费者隐私等挑战。

4) 经销商赋能

如上汽保险以保险为抓手，提升经销商保险及关联的增值业务经营管理效率，同时为车主、保险公司、整车厂提供创新解决方案，满足经销商需要的"傻瓜式"保险出单工具。

（三）业务展望

近期，特斯拉在股东大会上宣布开启内部保险计划。对于传统车险的定价模式将产生颠覆性的影响。传统车险主要按照车型、车主年龄等定价，并不对车主本身进行区分，而特斯拉的UBI车险主要根据驾驶人的行为数据，如车辆的使用时间、驾驶里程、车主本身的驾驶习惯等进行个性化、定制化的报价。相较于保险公司而言，特斯拉掌握了更多的驾驶员的数据信息，这些数据应用在车险当中产生了极大的正向作用。一方面对于车险消费者而言，定价更加合理；另一方面，对于保险公司而言，可以更好地掌握风险、分析风险、防范风险。

同样，近年宣布造车的小米也公开表示将布局汽车金融产业，包括汽车金融、汽车保险、汽车供应链金融、车内支付等场景。作为一家互联网公司，小米布局汽车保险具有其独特的技术优势，加之实现汽车制造、汽车保险的产业链环节的打通，将成为这类技术企业发展车险业务的核心动力。

三、保险科技赋能智慧城市

（一）政策指引

智慧城市是运用物联网、云计算、大数据、空间地理信息集成等新一代信息技术，促进城市规划、建设、管理和服务智慧化的新理念和新模式。从2016年开始，国家及地方"十三五"发展规划陆续出台，许多城市把建设智慧城市作为未来发展的重点。2020年1月，国务院办公厅发布《关于支持国家级新区深化改革创新加快推动高质量发展的指导意见》，提出要深入推进智慧城市建设，提升城市精细化管理水平，提高新区基础设施和公共服务设施建设水平。同年11月，党的十九届五中全会通过的《中共中央关于制定国民经济和社会发展第十四个五年规划和二〇三五年远景目标的建议》中明确提出实施城市更新行动，提出推进新型城市基础设施建设，加快推进基于信息化、数字化、智能化的新型城市基础设施建设和改造，全面提升城市建设水平和运行效率。2021年4月，中华人民共和国住房和城乡建设部会同中共中央网络安全和信息化领导小组办公室、中华人民共和国教育部、中华人民共和国科学技术部、中华人民共和国工业和信息化部等16部门联合印发了《关于加快发展数字家庭提高居住品质的指导意见》，推进数字家庭系统基础平台与新型智慧城市"一网通办""一网统管"、智慧物业管理、智慧社区信息系统及社会化专业服务等平台的对接，完善标准体系建设。

（二）转型热点与实践

中国智慧城市建设规划目标体系包括交通、生活、政务、资源、基建、经济的方方面面。保险科技赋能于智慧城市建设的实践呈现出了多样化的特征。业内有以下领先做法。

1）安诚保险"电梯智慧保"

安诚保险推出服务于电梯的保险新产品"电梯智慧保"，提出"保险+物联网+服务""三位一体"的新模式，涵盖了国家倡导的"保险+服务"、以电梯全生命周期为落脚点的"电梯养老保险"。

"电梯智慧保"是通过在电梯中加装智能物联网设备，实时监测、采集电梯运行数据，结合大数据分析和AI技术算法对电梯运行工况进行综合评价的电梯安全运行监控系统，如图5-3所示。由此指导电梯维保、维修服务计划，从而提高电梯维护保养的前瞻性、针对性、有效性，使电梯维保由"故障后修理"向"高效、及时、预测性维保"转变。

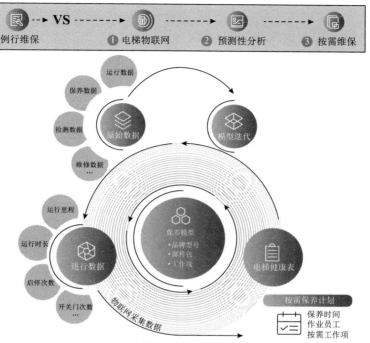

图5-3 "电梯智慧保"按需维保逻辑

资料来源：本地小助手. 电梯智慧保：助力智慧城市建设[EB/OL]. 2021[2021-09-11].

2）"保险+服务+科技"安责险新模式

温州市构建"保险+服务+科技"的安责险新模式，以大数据为核心，监管部门、保险机构、投保企业、专家机构等多方参与。

构建企业安全风险管控大平台，可通过数据的采集、专业的分析模型和信息化手段，得出企业的安全现状和风险等级评估，绘制出企业风险"一张图"等。全市共有六家保险机构组成安责险共保体，建立专业的服务团队，分区域建立安责险服务平台，如图5-4所示。

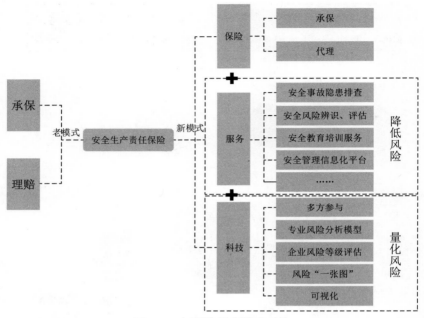

图5-4　安责险新老模式对比

资料来源：温州经济技术开发区安全生产监督管理局."保险+服务+科技"安责险新模式来了！[EB/OL]. 2018[2021-09-10].

四、保险科技创新健康保险服务

（一）政策指引

2019年，国务院发布《关于实施健康中国行动的意见》《健康中国行动(2019—2030年)》《健康中国行动组织实施和考核方案》等文件，加快推动从以治病为中心转变为以人民健康为中心，动员全社会落实预防为主方针，实施健康中国行动，提高全民健康水平。"健康中国"战略的深入推动，将给商业健康险带来巨大的发展机遇。2019年末，中国银行保险监督管理委员会修订并发布《健康保险管理办法》，将健康保险定位为国家多层次医疗保障体系的重要组成部分。健康险的增长速度将保持较快水准，为推进我国人身险市场回归保障，以及"健康中国"战略提供强力后盾。

2020年3月，国务院出台《关于深化医疗保障制度改革的意见》，更加清晰地规定出商业健康险的发展方向，提出力争到2030年，全面建成以基本医疗保险为主体，医疗救助为托底，补充医疗保险、商业健康保险、慈善捐赠、医疗互助共同发展的多层次医疗保障制度体系。2021年1月，中国银行保险监督管理委员会又出台了《关于规范短期健康保险业务有关问题的通知》，明确规定了短期健康保险业的业务经营，对规范产品续保和规范销售行为等做出了规定。

（二）转型热点与实践

在国内健康险业务的发展过程中，科技力量无疑将为市场带来更加广阔的空间和发展机遇。保险科技在人寿与健康险上的创新主要体现在三个层面，分别是健康数据分析、智能健康顾问和差异化产品设计，如图5-5所示。

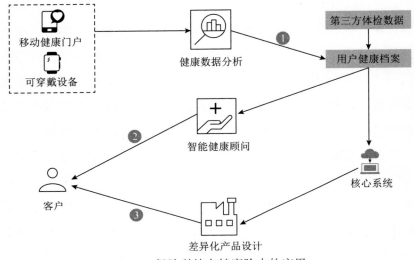

图5-5　保险科技在健康险中的应用

（1）健康数据分析：从健康问卷、体检报告、理赔记录及物联网设备等收集和监控用户的健康数据，例如诊疗数据、生活习惯、养老偏好等信息。基于对以上数据的分析，建立用户健康档案，辅助保险公司进行风险评估，并为用户提供更好的健康咨询服务。如dacadoo公司可基于实时数据提供个性化健康评分，以色列大数据公司Atidot可提供人寿保险行业大数据和预测分析工具。

（2）智能健康顾问：包含健康干预、慢病管理、疾病早诊和医疗服务等。人工智能可以利用健康数据分析结果调整个人保费，比如以优惠的利率奖励积极的投保人，或针对生活方式不健康的用户提高保费。数字化疾病诊断是指利用人工智能技术，为客户进行某些特定疾病的高质量检测与诊断，提高后续核保理赔工作阶段的服务质量与效率，降低人工诊断疾病的成本。例如

Boundlss公司提供AI健康保险助理，旨在预防与生活方式相关的慢性疾病。

(3) 差异化产品设计：产品开发围绕客户需求痛点，通过大数据技术，对传统精算技术手段的升级和迭代，进行差异化产品设计和精细化定价。例如，Ladder Life通过利用第三方数据，直接在线或通过移动App提供寿险报价，如果客户有资格获得即时保险，则消除了对血液和尿液样本的检测需求；推出Ladder API，并与SoFi(社交金融)平台合作，为其系统中的个人提供更广泛的服务。

五、保险科技赋能商业养老

（一）政策指引

近二十年来，中国人口老龄化进程不断加快，高龄化、空巢化趋势日益明显，养老投资保障诉求扩大。除国家基本养老保险外，企业、职业年金及个人商业养老保险具有较大的增长潜力。

2017年7月，国务院办公厅发布的《关于加快发展商业养老保险的若干意见》明确提出，依托商业保险机构专业优势和市场机制作用，扩大商业养老保险产品供给，拓宽服务领域，提升保障能力，充分发挥商业养老保险在健全养老保障体系、推动养老服务业发展、促进经济提质增效升级等方面的生力军作用。2019年12月30

日召开的国务院常务会议明确提出，加快发展商业养老保险，支持开发多样化的养老年金保险产品和适应60岁以上老人需求的医疗、意外伤害、长护险等保险产品。2020年1月23日，由中国银行保险监督管理委员会、中华人民共和国国家发展和改革委员会等13个部门研究制定的《关于促进社会服务领域商业保险发展的意见》也强调，要为60岁及以上老年人提供更多价格适当、责任灵活、服务高效的保险产品。2021年5月发布的《关于开展专属商业养老保险试点的通知》，中国银行保险监督管理委员会决定开展专属商业养老保险试点，并对专属商业养老保险的产品形态、产品要素、领取期限等方面做出了具体的规定，有助于让商业养老保险真正回归养老本质。

（二）转型热点与实践

养老险数字化转型除了提升养老险自身价值链上的效率及体验，还包含保险公司向养老产业链的扩展。近十年来，国内已经有多家保险公司开始以轻、重资产等多种模式布局养老产业，其中泰康人寿、中国人寿、中国太平、中国太平洋保险、新华保险、合众人寿等企业表现突出，它们一方面建设运营养老社区，吸引老年客户入住，获取运营收益；另一方面以"养老保险支付+实体养老服务"的概念主攻高净值客户人群，销售对接养老社区的大额保单，极大地拉动了保费的增长。养老险的科技赋能目前包含以下四个方面。

1) 产品创新

例如，中国人保寿险联合某保险科技企业共同推出"全民保·终身养老金"创新型保险，将商业养老险起保门槛降低至1元，并通过全线上流程让用户可以随时随地投保，按月领取分红。

2) 提升客户体验

例如，中国平安养老险整合集团科技优势，在"好福利"平台推出了"团体体检""360健康管理服务""平安好礼"等多款产品，自助理赔和人脸识别领取养老金也被广泛应用。

3) 运营升级

例如，中国平安养老险研发了企业年金受托管理系统"盈管家"，搭建起包括受托人内部管理端、外部管理人传输端、客户使用端的全流程系统群；并在此基础上推出了职业年金受托系统"智管家"，通过智能监控、智能交互的创新，满足了对资金的安全性、数据的精准性、信息的透明性、决策的执行性的需求。

4) 机器人养护服务

机器人辅助的护理服务以帮助老年人日常起居为目标，主要解决通便、翻身、警报、健康监测等问题。不仅可以为老年人提供护理服务，还可以为保险公司降低理赔支出、控制风险。例如，以色列创业公司Vayyar推出了无接触式的主动跌倒报警和人体行为监测产品——Vayyar Home，帮助养老社区在不侵犯个人隐私的前提下，获取丰富的长者的日常活动和行为数据。与摄像头不同，Vayyar Home使用微弱的无线电波对环境进行扫描，进行实时4D点云成像的方式工作，不涉及个人隐私的信息，因此适用于卧室、卫生间等私密场所，具体如图5-6所示。

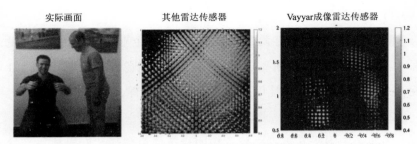

采用Vayyar自研的片上雷达系统芯片和46根超大规模天线阵列，基于实时、高分辨率4D点云成像技术，实现对人体的深度监测和感知，包括大小、位置和姿态等信息。

图5-6　Vayyar Home传感器信息展示

资料来源：段明杰. 独家专访："无感"照护掀养老革命，以色列硬核公司Vayyar 推出"无接触"技术[EB/OL]. [2021-03-21].

对于保险公司而言，通过对这些数据的分析处理，可以更好地洞悉每位居民的日常活动和健康状况，从而帮助提供更加人性化的服务，实现较好的预防性护理与干预，显著降低出险概率，节约赔付成本。

第六章

价值释放：保险业数字化转型策略、实施方案与评估指引

一、数字化转型策略

保险行业的数字化转型策略可基于两个维度，一是信息化建设的价值诉求，从信息化建设的成本、推动业务增长的情况进行分析判断；二是业务需求的复杂度，复杂度低意味着只需要在局部对业务进行优化升级，复杂度高表示可能会给业务带来重大的重组变革。基于以上两个维度，可以将保险行业的数字化转型策略归纳为局部优化、模块提升和全面改造三个方面。

（一）局部优化

局部优化策略是基于业务需求，对现有的功能、流程、用户体验和系统进行局部的优化改造，以实现业务提升。此策略投入的费用较少，建设周期相对较短，数字化转型风险较小，见效相对容易。

该策略的适用对象如下：一是信息化建设比较完整，并且现有保险系统可满足大部分业务需求的大型保险机构，有整体的数字化建设战略，明确指导后续建设和发展的方向；二是信息化建设投入有限、业务量不是很大的中小型保险机构，可以通过对现有业务模式和系统建设的优化来实现数字化转型，提升业务能力。

（二）模块提升

此策略是小修小补策略的加强版。整个优化提升不局限于具体的业务功能、流程和用户体验，而是从业务模块或者系统功能模块进行优化改造，实现对业务更加有效的赋能。此策略的费用投入适中，建设周期可控，可以在短期内见效，且风险适中。适用于具备一定数字化基础，聚焦数字化转型的保险机构。

（三）全面改造

选取此策略意味着保险机构现阶段面临较大的信息化问题，现有信息化体系在满足业务快速发展和应对市场变化方面能力不足，已影响企业的发展速度和市场竞争力。在通过短期内的局部优化或者主要功能模块改造仍不能适应业务发展的情况下，可考虑此策略。

其适用于信息化系统建设达到10年以上且没有进行深度优化，同时已不能很好地支持现有业务和未来业务发展的保险企业。此策略信息化建设投入较大，建设周期较长，且在短期内较难以见效，转型风险较大。

二、数字化转型的预期效果

无论采用哪种转型策略，其最终目标都是为了增加收入、提升效率、优化用户体验、降低运营成本和风险。然而，转型效果都存在一定滞后，且部分转型效果难以用定量的指标进行预测和分析。相关企业通常有需求细化和量化数字化转型，为此，需要开发相应的能力评估模型或标准体系。具体而言，可从以下五个方面展开。

1) 增加保费收入

数字化能力的提升应能增加保费收入。例如，通过精准营销提升客户转化率，从而提升保费收入。可量化的预测指标包括客户有效标签、客户营销转化率、客户人均保费单价等。

2) 提升运营效率

通过对数字化转型具体目标的定义，如操作流程优化，渠道融合、数字化工具使用来评估分析，预测效率的提升效果并进行优化。例如智能语音识别、人脸识别提升录入效率。可量化的预测指标包括操作时间长度、出单速度、理赔速度等。

3) 改善用户体验

通过用户界面优化、系统性能优化、操作连贯性优化进行量化分析，分析用户的操作习惯和爱好，从而提升体验。可量化的预测指标包括在线时长、关键点击数量和客户评分等。

4) 降低成本和风险

通过引入数字化工具降低人工成本，同时降低承保和理赔的风险。例如智能机器人降低人力成本、反欺诈模型降低理赔风险等。可量化的预测指标包括综合成本率、销售费用、风险识别率等。

5) 促进生态协作

通过生态合作，例如渠道对接、外部合作伙伴接入，对保险客户引流、转化，对保费贡献等数据进行分析形成模型，实现最终的业务目标。可量化的预测指标包括渠道转化率、引流数量、保费贡献率等。

三、数字化转型的评估体系

（一）数字化转型评估体系

保险机构可以通过数字化转型评估模型，从数字文化、组织协同、治理能力、人力资源、激励机制、资金投入、技术能力、生态搭建八个维度进行自我评估。

1. 数字文化

数字文化是数字化意识的一种表现形式，有了数字化的意识，形成了数字文化，才能很好地推动数字化技术在保险企业的快速发展和应用。公司是否有内部数字文化，是否强调敏捷性、合伙制、创新力和时效性是关键指标。

2. 组织协同

从组织架构方向上来看组织架构是保险企业数字化转型的核心骨架，是支撑转型落地的核心。公司是否有清晰的数字化组织架构定义与职责划分是关键评估指标。从内部协同方向上来看，数字化转型很多是跨业务条线、跨业务部门的。未来的数字化发展不会有明显的边界，协同发展将成为趋势和基础。数字化团队是否与其他部门，如市场、IT和外部合作伙伴等有机协同与合作，将成为协同发展的关键指标。

3. 治理能力

一方面是高管参与。转型一定是自上而下的，从业务跟随到业务技术协同、再到技术(数据)驱动业务发展。高级管理层对数字化的重视程度和支持度，决定了转型效果的好坏。高级管理层是否直接参与数字化管理，特别是在数字化治理方面，是数字化转型治理的关键指标。另一方面是适应市场。随着数字化程度的提升，个性化和市场化的产品会变得越来越多。快速迭代的产品、基于产品经理的产品设计、开发和运营模式，将直接决定市场化竞争的表现。是否采取项目制或产品制、是否具有快速产品化和市场化的能力是关键指标。

4. 人力资源

人力资源包括科技人员和数字化人员。其中，科技人员的占比决定着保险机构的技术实力、科研能力及数字化落地的能力。相对互联网保险公司近30%至40%的科技人员占比，传统保险企业科技人员的占比，成为衡量其数字化能力的一个重要指标。相比科技人员，数字化人员主要是指具备保险业务和金融科技能力的综合型人才。这类人员能更好地从业务场景出发，结合保险机构的实际能力，规划设计发展方向。因此，数字化人员占科技人员的比例，是决定该企业数字化转型最终效果的核心指标。

5. 激励机制

激励机制包括考核激励和激励对象。其中，在考核激励方面，数字化转型意味着保险机构在业务模式、工作流程、薪酬设计等方面和之前存在不同。传统的考评机制和流程更多的是基于信息化建设的完成情况。数字化模式下业务指标加强，从创意产生到产品市场化，都应具备有效的考核标准。在激励对象方面，未来的考核激励机制将更加细颗粒度化和动态化，是否适用于公司各层级(含高管)，是否与业务、个人发展挂钩，都会成为综合考核的关键参考指标。

6. 资金投入

资金的投入程度会影响数字化转型的效果。因此，数字化资金的支持情况是决定一个机构转型成功与否的最核心指标。传统保险公司每年在IT方面的投入通常约为保费收入的0.5%至1%，数字化转型时期约为1%至2%，互联网保险公司约为2%至5%。

7. 技术能力

数字化转型的核心竞争力除了资金投入就是机构的研发能力，保险机构的数字化研发能力是其竞争力的重要表现。是否掌握数字化技术的研发能力，是衡量一个保险机构数字化转型能力的关键指标。

8. 生态搭建

保险产品本身的特殊性决定了它不是一个高频的场景。而提升业务必须要用高频促低频，要把保险产品和某个高频的产品或者场景进行融合，借助生态的力量实现保险业务的增长。因此，保险机构是否具备相应的数字化创新孵化机制(设计创新产品、寻找创新业务模式)、是否建设数字化创新实验室或孵化室等机构(试验创新场景、创新合作)、与外部的合作情况是保险企业数字化转型发展潜力的关键评估指标。

（二）数字化转型能力评估

根据数字化转型框架中的各项内容，对数字化转型能力评估的维度进行进一步提炼和设计，得到四个核心评估方向，分别是业务能力(Business)、客户体验(Experience)、数字化技术(Technology)、治理体系(Govern)，如图6-1所示。

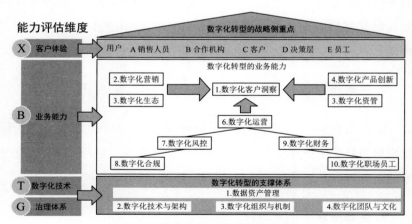

图6-1　数字化转型能力评估模型

资料来源：信托行业协会，普华永道. 信托行业金融科技发展白皮书[R]. 北京，2022.

通过对这四个评估维度进行细化和拆解，构成详细的四级评估指标体系，对保险行业内的各家企业数字化转型能力的有效评估起到指导作用。

1. B(业务能力)

对于业务能力维度的评估主要遵循保险业务实际操作流程及中后台管理职责，共分为六个二级指标，十三个三级指标及若干详细的四级指标。具体的业务能力评估指标体系如表6-1所示。

表6-1　业务能力评估指标体系

一级指标	二级指标	三级指标	四级指标
业务能力 (B)	营销	渠道赋能	是否具备完善的客户线上营销渠道(有无个人计算机/App/微信公众号系统)
			客户App的注册人数、个人计算机的注册人数、微信公众号的关注人数
			客户App、个人计算机、微信公众号的月活跃用户
			线上投保保费金额
			线上投保保费占比
			客户App是否支撑全流程线上自主业务办理
			技术手段应用：例如AI人脸识别、智能保顾应用水平
			是否有代理人线上展业工具
		销售管理	是否实现全流程线上化销售过程管理
	客户经营	客户信息管理	全司是否实现客户唯一性识别
			是否有系统能提供公司内客户的全面信息
		客户数据洞见	是否完成客户分群
			是否有客户画像
			是否有成型的客户标签体系

一级指标	二级指标	三级指标	四级指标
业务能力（B）	客户经营	客户服务	是否按客户标签提供个性化服务
			客户能否在单一入口看到自身在公司的所有活动、业务信息
			是否为客户提供智能客户服务
	产品管理	产品组合管理	是否有系统为客户提供个性化的产品组合建议
		产品画像	是否有系统对产品进行多维度分析，例如产品的销售对象
	业务管理	增效赋能	是否有利用保险科技技术实现业务运营效率的提升，例如RPA、OCR
		管理决策	是否利用数字化手段实现对管理决策的数字化支持
		监管报送	是否有专门的监管报送系统
	风险管理	智能风控	是否利用数据分析对于重要风险进行及时、有效的监控
			是否利用金融科技技术(AI、自然语言分析、知识图谱等)实现对外部风险的提示
			是否可以基于数据洞见实现对客户的全面风险识别
		数字化审计	利用数字化技术实现审计风险的自动识别
	支持服务	移动办公	是否有移动办公App
			移动办公App是否支持全流程线上化审批
			是否实现移动办公App与业务系统待办通知的联动

资料来源：信托行业协会，普华永道. 信托行业金融科技发展白皮书[R]. 北京，2022.

2. X(客户体验)

对于客户体验维度的评估主要考察使用体验和服务体验两个二

级指标，五个相关的三级指标及若干详细的四级指标。具体的客户体验评估指标体系如表6-2所示。

表6-2　客户体验评估指标体系

一级指标	二级指标	三级指标	四级指标
客户体验 (X)	使用体验	便捷性	客户对于App的评分
		稳定性	与客户相关系统的可用性
	服务体验	理赔服务	是否为客户提供便捷的理赔服务
		增值服务	是否为客户提供符合实际需求的增值服务
		权益服务	是否为客户提供线上化的权益服务，提升客户黏性，例如积分

资料来源：信托行业协会，普华永道.信托行业金融科技发展白皮书[R].北京，2022.

3．T(数字化技术)

评估数字化技术维度主要分为应用架构、技术架构、数据架构、信息安全四个二级评估指标，十三个三级指标及若干详细的四级指标。具体的数字化技术评估指标体系如表6-3所示。

表6-3　数字化技术评估指标体系

一级指标	二级指标	三级指标	四级指标
数字化技术 (T)	应用架构	系统组件化程度	业务处理系统中"烟囱式"系统所占的比例
		系统按需更改的响应速度	系统平均响应业务需求变更的速度/天
	技术架构	集成技术的成熟度	系统点对点连接、ESB(Enterprise Service Bus)、分布式集成
		高可用性架构	系统是否按重要性进行分级，高等级的系统是否采用了集群或热备的高可用性部署

一级指标	二级指标	三级指标	四级指标
数字化技术 (T)	数据架构	集中的数据存储	是否有汇集全司主要数据的平台，支撑全司的数据分析应用
		智能数据分析	是否有集中的数据报表、可视化平台为数据分析人员提供智能的数据分析支持
		数据服务	是否具备为前端业务提供实时的数据服务能力
	信息安全	制度体系	是否有成型的信息安全制度体系
		组织体系	是否有信息安全专岗，负责信息安全的制度、策略、技术、培训及日常维护管理工作
		技术保障体系	是否有安全管控的技术平台，包括但不限于系统安全、用户认证、权限管理、数据安全等
		网络安全域架构	是否有完善的网络安全分区，能够对办公、开发、生产等进行有效的安全隔离
		信息资产安全	是否对全司各项信息资产进行梳理，建立资产清单和目录及基本的逻辑关系
		业务连续性	数据中心架构：同城/异地灾备及冷备/热备
			是否有清晰的BCP(Business Continuity Planning，业务联系性方案)制度
			是否按计划定期进行业务连续性演练

资料来源：信托行业协会，普华永道.信托行业金融科技发展白皮书[R].北京，2022.

4. G(治理体系)

治理体系维度的评估由IT治理和数据治理两个方面组成。IT治理当中包括战略规划、组织制度、资源投入、技术研发、项目管理五个三级评估指标，而数据治理中包括治理体系、数据标准、数据质量三个三级评估指标，共有十五个四级指标。具体的治理体系评估指标体系如表6-4所示。

表6-4　治理体系评估指标体系

一级指标	二级指标	三级指标	四级指标
治理体系 (G)	IT治理	战略规划	是否出台成文的保险科技发展相关战略规划、行动计划等
		组织制度	技术创新激励机制
			数字化组织
		资源投入	研发费用占比
			科技人员占比
		技术研发	自研投入占比
			是否采用DevOps(Development和Operations的组合词)的机制
		项目管理	是否有项目管理的工具
			是否采用敏捷的项目管理方法
	数据治理	治理体系	是否有明确的成文管理制度或办法覆盖数据全生命周期
			是否建立专门的数据治理管理组织
		数据标准	是否有全司级的数据规范及标准
			数据落标率=每项数据标准的落标率的平均值=$\sum$(每项数据标准的落标率)/N=$\sum$(每项数据标准对应的完全落标的系统数量/涉及该项数据标准的系统数量)/N
		数据质量	是否有数据质量管理平台，对企业的数据质量问题进行自动识别，对识别出的数据质量问题的修正进行系统化管理
			在一定周期内，数据质量问题占所有受监控的数据量的比例

资料来源：信托行业协会，普华永道. 信托行业金融科技发展白皮书[R]. 北京，2022.

四、实现高质量发展的治理策略

保险行业数字化转型在本质上是随着"数字中国"战略推进、保险渗透率不断提升、网络经济新模式不断涌现而产生的，为借助数字化转型实现保险业高质量发展，应从网络治理的规律中探寻监管逻辑和风险治理路径，聚焦数字保险的治理主体、治理客体和治理工具三项核心要素。

1）在治理主体方面，建立并完善多层次数字保险治理体系(如图6-2所示)

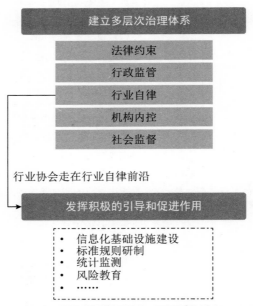

图6-2　多层次数字保险治理体系示意图

资料来源：普华永道.保险行业数字化转型研究报告发布会，2020[C].上海：进博会，2020.

　　充分运用现代治理理念，依托监管部门、行业协会、从业机构和保险消费者在内的多元治理主体，按照国家治理体系和治理能力现代化的总体要求，努力建立法律约束、行政监管、行业自律、机构内控、社会监督"五位一体"的多层次金融科技治理体系。支持大、中、小、新各类保险从业机构和市场主体探索更具适应性、竞争性与普惠性的业务形态和商业模式，完善多层次产品供给结构。在构建与行政监管有机协调、与从业机构良性互动的行业自律机制方面，行业自律组织可以发挥积极的引导和促进作用。

　　2) 在治理客体方面，数字保险的监管首先是管业务，其次是管技术(如图6-3所示)

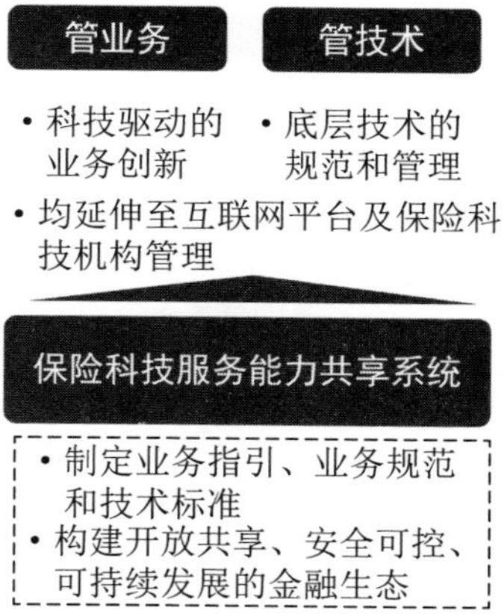

图6-3　数字保险监管主体示意图

　　资料来源：普华永道.保险行业数字化转型研究报告发布会，2020[C].上海：进博会，2020.

　　管业务即关注科技驱动的保险业务创新、产品创新和模式创新，并延伸至背后的相关机构，主要包括应用保险科技的持牌机构，也包括大型互联网流量平台和保险科技服务商。管技术是指对支撑保险业务、辅助保险机构与消费者交互活动的底层技术的规范和管理，进一步延伸至相关机构。

从社会化生产和专业化分工的趋势看，保险机构和科技企业的合作与竞争已成共识，这是数字经济时代下保险业数字化转型的内生要求。但在转型的过程中，机构间的合作与竞争呈现出诸多问题和痛点。为助力保险业高质量发展，行业自律组织需组织协调各方资源，围绕保险机构的技术架构、数据治理与数据资产管理、跨业态合作等问题，制定业务指引、业务规范和技术标准，搭建从业机构和监管部门的沟通桥梁，构建开放共享、安全可控、可持续发展的金融生态。

3) 在治理工具方面，数字保险的监管和治理更应注重新兴技术工具的支撑和辅助作用(如图6-4所示)

图6-4　数字保险新兴工具支持与辅助

资料来源：普华永道. 保险行业数字化转型研究报告发布会，2020[C]. 上海：进博会，2020.

　　保险作为金融业的重要组成部分，具有外部性强、行业延展性高的特征，涉及的风险具有一定的隐蔽性、涉众性和传染性。伴随着保险与科技的深度融合，保险产业链主体越来越多元化，产品创新周期越来越短，覆盖大范围人群的能力越来越强，相应风险的积累程度和传播速度也被放大，对监管的及时性、有效性提出更高的要求。为此，在强调特许经营原则及机构持牌、产品备案、人员持证要求的基础上，数字保险治理还应充分运用新兴技术手段，推进常态化风险监测机制，加快监管技术平台建设，并根据技术特点调整优化监管方法，提升监管的针对性和前瞻性。在这方面，行业自律组织也将充分发挥基础设施和行业数据的支撑作用，与相关治理主体共同促进数字保险的高质量发展。

第七章

数字化转型若干问题的
研究与思考

　　数字化转型是数字经济时代保险业支持实体经济、坚守"金融为民"初心的内生需求，数字保险既是数字经济的重要组成部分，又为数字经济的高质量发展提供风险保障。保险机构数字化转型是一项复杂的系统工程，本章立足于国家政策的指引贯彻与国际经验的科学借鉴，提炼总结保险数字化转型的关键发展能力与支撑体系，构建保险数字化转型的战略框架，聚焦大、中、小、新不同保险机构在不同阶段面临的转型重点和难点问题，提出系统方法和案例指引。这一系统工程的成功需要点、线、面、体的和声共振，其中点是数据要素，线是保险科技，面是保险供给侧能力提升，体是用户体验、健康中国、乡村振兴、智慧城市等国家战略和重点领域的保险保障。本章的专题研究和思考，力争为保险行业从业人员开展数字化转型工作提供一些辅助和支持。

一、数字经济下数据要素市场化配置研究

近年来，我国数字经济快速发展，其增加值占GDP的比重连年上升。随着数字经济发展持续向好，我国经济社会各领域产生的数据量快速增长，数据资源所蕴含的价值不断释放，数据的重要性日益凸显。尤其是面对突如其来的新冠肺炎疫情，各种数字经济新业态、新模式在稳企业、保就业等方面迸发出强劲韧性。

2020年4月，中共中央、国务院发布《关于构建更加完善的要素市场化配置体制机制的意见》，首次明确数据是一种新型生产要素，并提出加快培育数据要素市场。《中共中央关于制定国民经济和社会发展第十四个五年规划和二〇三五年远景目标的建议》进一步提出推进数据要素市场化改革。在此背景下，推动数据要素市场化配置已成为一个重要议题。本章节主要从数据资产界定及确权、数据资产估值定价、数据资产交易流转三方面探索数据要素市场化配置机制，并阐述关于促进数据要素市场化规范发展的几点思考。

（一）数据资产界定及确权

数据资产是指主体(个人、企业等)过去的行为、事项所形成的，预计会对其未来的行为、决策等产生影响，并且预期可为其带来经济收益(创造价值，包括但不限于现金、现金等价物或经济利益

潜力)的各类数据资源①。与数据资产相关的权利主要包括所有权、使用权、收益权等。其中，所有权是核心，也是整个数据要素市场的基石。

从所有权归属角度看，数据资产的类型主要包括公共数据资产、企业数据资产和个人数据资产等。其中，公共数据资产脱胎于政府运营中收集、整理的公共数据。鉴于公共数据具有公有属性，全体国民系公共数据的真正所有人②，公共数据资产的所有权也应属于全体国民。企业数据资产来源于企业日常生产经营产生的数据，其所有权应属于企业。值得注意的是，带有个人属性的数据资产属于其依附的个人。此外，在企业数据资产及个人数据资产的概念中有一个重合地带，即带有个人属性、由企业收集和整理的数据资产及由这些数据资产组成的数据资产集合。现阶段，对于这部分数据资产权属的争议最多。

当前，在技术上已有研究人员提出基于数字水印和区块链的大数据确权方案，但在国家层面的法律法规上尚未有对数据所有权的明确规定。同时，考虑到数据资产一级市场具有独特的重要性，如果在数据资产的一级市场阶段未能对其产权进行清晰界定，待数据进入流通阶段后，确权将变得十分复杂、低效和混乱，甚至使得市场最终陷入无法持续运行的困境。因此，有必要构建一个产权清晰、有效运行的数据资产一级市场，并通过加强理论研究、完善法律制度、建立高效的确权基础设施，在源头上把产权关系理顺。

---

① 刘绪光，郑旭，方晓月. 数据资产、数字账户与数据交易流转机制 [J]. 银行家，2020(11)：111-114.
② 吕富生. 论私人的政府数据使用权 [J]. 经法学，2019(6)：24-35.

（二）数据资产估值定价

相比于传统资产，数据资产具有一定特殊性(如虚拟、非排他、使用无消耗等)，这也导致其估值方法仍多处于探索完善阶段。较为常见的做法是参考无形资产价值评估采用成本法、收益法和市场法等估值方法。例如，中国资产评估协会印发的《资产评估专家指引第9号——数据资产评估》提出，数据资产价值的评估方法包括成本法、收益法和市场法三种基本方法及其衍生方法。此外，在深圳司法局发布的《深圳经济特区数据条例(征求意见稿)》中，主要从评估机构和评估专业人员两个角度建立数据价值评估体系，推动数据要素价格市场化改革，引导市场主体依法合理行使数据要素定价自主权。

实际上，无论采用何种估值方法，确定数据资产价值的影响因素均是首要事项。具体而言，数据资产评估的指标体系可分为数据质量价值评估、数据应用价值评估。一方面，数据质量是保证数据应用的基础，是数据资产价值得以实现的前提。随着数据总量急剧扩大，数据质量参差不齐的问题有所加剧，数据质量对数据资产价值的影响也日益突出。数据质量价值评估的维度包括数据的完整性、正确性、一致性、重复性。另一方面，数据应用是数据价值得以体现的重要途径，应用价值是数据资产的核心价值。数据应用价值评估的维度包括场景经济性、稀缺性、时效性、多维性。此外，数据的应用价值因行业、应用场景的差异而有所不同，且不同应用场景对数据的时效性要求也不同，有些场景需要实时性数据，有些场景则需要较长时间周期的历史性数据。

定价方面，在数据要素市场化配置的前提下，数据价格作为数据价值的货币表现，应由供求关系所决定且围绕数据价值波动。目前数据交易过程中对数据价格并没有统一的评判标准，难以准确衡量数据应用价值。在数据质量方面，交易中也存在数据格式不规范、内容不完整等问题，影响数据交易顺利进行，且易导致法律纠纷①。当前数据资产交易通常由卖方推动，买方对想要购买的数据知之甚少。这种信息不对称导致定价缺乏透明度，持续损害买方利益，从而形成典型的"柠檬市场"②。因此，建立具有标准化定价模型的数据市场迫在眉睫。

（三）数据资产交易流转

对于许多传统资产商品的流转交易，市场能够较好地发挥价格发现和资源配置作用。市场中存在大量的买方与卖方，双方各自根据自身偏好与需求进行决策，充分的竞争促使资源高效流动并在相对合理价格实现供需均衡。而对于数据资产，在更多情况下，数据需求者和供给者并不能通过一个有效市场体现出来，从而导致交易并不频繁，整个数据资产的交易更多是采用点对点的方式。

因此，在数据资产交易中，不能完全依赖市场自发行为，而应该根据实际情况设计相应的交易模式：若市场上拥有充分多的数据买卖双方，流动性较为充裕，便可以把市场价格的决定权放还给市场，由供需均衡决定价格，实现高效交易；若供求双方力量对比较

① 史宇航. 数据交易法律问题研究 [D]. 上海交通大学，2017.
② 吴秋玉. 数据资产的风险定价模型 [D]. 大连理工大学，2018.

为悬殊，或双方数量都较少，容易造成单方垄断或双边垄断进而阻碍交易有效进行，则应由平台鼓励数据卖方主动披露其最低价格提供意愿，随后结合数据产品的特有属性，设计出一套较为合理的数据产品交易机制以促使交易发生，提高效率。只有这样，才能更好地发掘出数据资产价值，更有效地实现数据资源配置。

此外，数据资产的交易流转还面临所有权交易与使用权交易难以分离的问题。对于有形资产而言，所有权交易对应资产的出售，使用权交易则对应资产的出租，二者具有一定的独立性且可以分别定价。而对于数据资产而言，由于其复制成本(即生产的边际成本)极低，购买方比较容易通过截留复用、转移出售等方式降低市场对原始出售方的需求，其交易往往意味着所有权的削弱和使用权的让渡。造成这一问题的重要原因之一，在于传统意义上的数据使用权交易需要以购买方能够"看"到数据为前提，而看到往往也就意味着获得了控制权，甚至可通过二次加工等方式进一步增加出售方主张其所有权的困难。因此，亟须加强探索数据"可用不可见"的创新解决方案。

目前，我国的贵阳大数据交易所、上海数据交易中心、浙江大数据交易中心等已在数据资产交易方面开展了大量探索实践，并取得一定成效，但其总体规模依然较小。可见，要实现数据要素市场化规范发展，还有很长的路要走。

（四）关于促进数据要素市场化规范发展的思考

正如石油是工业经济时代的核心资源，数据就是数字经济时代最重要的战略性资源。如何推动数据要素市场化配置，加强对数据要素这一数字经济"新能源"的掌控能力，还有很多问题值得探索和研究。对此，笔者认为应重点关注以下几点。

第一，积极完善法律与政策。数字时代发展必然需要与之相适应的法律与政策。但我国当前有关数据的相关法律相对滞后于数据产业高速发展的需求。关于数据的法律规定集中在信息安全保护方面，司法实践中也只是在传统法律框架下寻求保护方法。建议充分考虑数据的特有属性，积极扩充和完善传统民事权利体系理论，在数据确权、数据开放、数据交易方面完善相关立法，尤其是要重视在个人数据保护与利用方面制定科学的责任规则。

第二，政府全局设计、统筹规划。一是引导数据资源配置方式，促进公共数据开放共享。通过开放政务数据，让拥有先进技术和服务经验的组织对公共数据进行挖掘，释放公共数据资产价值。二是适配与数据要素流通相关的财政、税收、金融、投资等方面的政策，为数据要素释放更多的经济潜能做好权属明晰、规则有序的设计。三是加强政府间沟通，开展数据保护国际合作。在双边、多边贸易谈判中与其他国家达成个人信息保护共识，特别是就跨境调取数据展开对话，为我国国际化程度较高的企业提供更加多样化的数据流动机制，推动国内企业落实个人信息跨境传输国际规则。

第三，金融监管部门协调配合。一是建立数字账户管理相关规范，明确银行、保险机构在数据资产交易过程中的职责。二是根据银行、保险机构在数据资产交易过程中的职责，建立银行、保险机构数字账户管理、风险控制要求与规范，并分别从执业标准、业务规范、风险管理等层面制定相应的业务规则，构建完整的数据账户管理规则。三是建立数字账户与个人资金账户的对应关系，规范数字账户对数据资产的交易核算规则，落实数据资产实名制管理要求。

第四，行业协会切实履行自律职责。一是要积极发挥在企业间的组织协调作用，组织制定数据字典、数据交换的接口规范等标准。二是要组织企业与科研部门的产学研合作，引导技术创新。通过组织相应的产学研研讨会、新技术培训会等，积极引导企业开展技术研究和创新。

第五，企业着力开展数字化转型。企业作为最主要的数据要素的生产者、使用者、交易者，应把握数字经济的发展趋势，充分利用数字技术优化业务流程，创新业务模式，提升生产效率。企业也要注意在从数字经济浪潮中获利的同时，要严格落实个人隐私信息保护的要求，积极承担社会责任。同时，企业应充分重视数字人才培养和专业队伍建设，加强与高等院校的合作交流，建立多种数字人才培养通道，打造多层次、多类型的大数据人才队伍。

二、保险科技发展的应用谱系、风险挑战与经验启示

顺应用户场景化、个性化、碎片化的保险需求，信息科技与现代保险服务加速融合，助力保险科技赋能保险业高质量发展。基于新兴技术的适用逻辑，本研究系统梳理了保险科技的应用谱系，比较分析新业态、新模式发展对既有保险监管理念、工具和方法的挑

战，借鉴国际实践与监管经验，提出政策启示与建议。

（一）保险科技与互联网保险一脉相承

"保险科技"与"互联网保险"均伴随互联网、大数据等信息网络技术在金融领域的成熟适用被相继提出，关注新技术在提炼、存储、分析保险标的各项指标数据方面的可用性与成熟度，借此提升保险行业的风险保障和社会治理功能。具体而言，互联网保险更侧重客户画像、渠道拓展和营销媒介，关注新技术辅助保险机构触达客户的手段和效果。保险科技更侧重流程优化与精算辅助，运用大数据、人工智能、区块链、物联网、生物科技等新兴技术优化保险供应链条，将保险机构原有业务流程的部分单元整合重塑，在实现提质增效的同时，开发拓展未被传统保险业务覆盖的新兴领域。

当前保险科技的应用与探索方兴未艾。一是保险科技企业成长迅速。据零壹智库统计，截至2021年1月，全球保险科技独角兽企业有近20家，其中5家已上市。二是新技术的广泛应用加速保险业态演变。人工智能、物联网、区块链等新兴技术促进保险业创新，催生保险商业模式变革。三是多元消费需求引致有效供给。互联网为保险科技场景化创新提供成长土壤，如面向蓝领工人的灵活用工保险和网络安全责任保险等，在保就业、稳就业、促进网络空间安全等方面发挥积极作用；融入出行、网购、医疗等特殊场景的保险服务唤起消费者的风险感知，在衣、食、住、行等不同领域为人们的生产生活提供风险保障。

（二）国际保险科技的应用谱系

据统计，2020年全球保险科技领域共有377笔融资交易，全年累计融资总额达71亿美元，创历史新高，人工智能、物联网、区块链等新兴技术的应用助力保险科技迅速发展。

1. 大数据

保险大数据在助力行业发展、创造经济价值方面发挥重要作用。一是在营销方面，实现差异化服务，提升客户价值；二是在承保方面；扩大承保范围，探索个性化精算与产品定价；三是在运营方面，提高运营效率，优化运营流程；四是在风控方面，提升反欺诈绩效，降低理赔风险。

2. 人工智能

当前，人工智能的应用提升了传统保险业的运营质效。一是支持承保和报价。保险经纪公司Insurify使用人工智能模拟保险代理人，与客户进行简单交流，如询问车辆情况、咨询保险计划等，借此发送适合客户需求的保险方案。二是辅助理赔理算和理赔反欺诈。保险科技公司Lemonade已开发自动索赔流程，只需通过智能手机提供索赔摘要，人工智能运行18个反欺诈算法，简单的索赔在一分钟内即可得到审批。

3. 区块链

区块链技术打破了传统保险业深化改革过程中信用和安全的藩

篱。一是行业信息共享。构建以各保险机构为节点的区块链联盟，将节省建立信任及传输数据等所需成本，实现有效信息共享，提高运营效率。二是敏感信息校对。在核保核赔的过程中不需要将原始数据传输至信息需求方，只需将该区块链与公钥交予信息需求方，便能快速完成相关信息的查找和校对，极大地提高工作效率。三是智能合约产品。智能合约保险由代码定义后自动强制执行，一旦达到特定出险条件，即可快速理赔。

4. 物联网

随着物联网技术的发展与成熟应用，传感器可以获取客户的历史数据并实时观测评估客户行为，在精准定价方面进行了有益探索。一是在财产险方面。美国80%以上的保险公司正在实施或积极计划UBI项目。在智能家居方面，保险科技公司Hippo Insurance通过为投保人免费提供智能漏水监测仪和冰冻警报器等智能家居设备，前瞻性地预防家庭事故，降低房屋保险的赔付率。二是在人身险方面。保险机构基于物联网核心数据库，依托可穿戴设备实现对投保人健康状况的实时评估，通过数据分析给予保费定价及赔付支持。

5. 生物科技

未来保险产品与癌症早筛等技术的结合将更加紧密，提升承保前的风险筛选效率，提高保险公司的风险管理水平。此外，基因检测技术的发展也在逐步优化保险业态。保险科技将保险服务与健康管理和基因科技有效衔接，形成保障闭环，更好地服务长寿经济和老龄化康养需求。

（三）保险科技快速发展带来的挑战与问题

纵观国际保险科技发展实践，保险科技在释放发展红利的同时也带来了新的挑战。一是缺乏统一协调的监管规范和自律辅导机制。新兴保险科技创新往往兴起于助保、助赔、客服等非核心业务领域，对新技术应用的指导与评估无所依从。以人工智能应用为例，其在精算定价、风险欺诈、智能客服、实时赔付等环节的应用日益广泛。但机器算力不稳定和机器算法黑箱可能产生技术安全、隐私泄露、责任主体较难认定等风险，对其合规性评估、风险防控和应急处置等方面提出较高要求。二是区块链应用带来的风险复杂多样。德国联邦金融监管局指出，使用区块链所存在的潜在风险比以往任何时候都要多，应充分考虑随之产生的数据安全、网络层访问控制、共识层安全、智能合约层安全等多方面的挑战。三是行业相关的基础设施建设需要持续完善。顺应业务数字化、数据业务化的发展趋势，服务大、中、小、新各类保险机构数字化转型的创新实验室、数据融合机制还需持续夯实。数据治理水平参差不齐，成为保险机构数字化转型的薄弱环节。

（四）规范保险科技高质量发展的政策建议

借鉴国际实践与监管经验，为规范保险科技创新沿着数字化、普惠化的方向健康发展，建议充分发挥互联网金融行业自律组织的引领和示范作用，探索形成统一协调的保险科技创新评估与辅导机制，助力保险行业高质量发展。

在综合治理方面，探索建立多层次保险科技发展与治理体系。充分依托监管部门、行业协会、从业机构和保险消费者在内的多元治理主体，建立完善法律约束、行政监管、行业自律、机构内控、社会监督协调有序的多层次治理体系。支持保险科技从业机构广泛应用成熟技术，探索更具适应性、竞争性与普惠性的业务形态和商业模式，鼓励传统大型保险公司生态圈建设，引导中小型保险公司数字化转型，支持专业互联网保险公司技术创新，完善多元的产品供给结构。

在自律规范方面，构建与行政监管有机协调、与从业机构良性互动的行业自律机制。行业自律组织需坚持加强互联网金融信息化基础设施建设、标准规则研制、统计监测、风险教育等，在信贷科技、保险科技、资管科技等领域储备了一定的会员基础和自律管理经验，配合《互联网保险业务监管办法》的发布与实施，引导会员机构合规经营，有序开展移动金融客户端应用软件备案管理，规范保险从业机构反洗钱和反恐怖融资工作。

在保险科技领域，鉴于其具有业务延展性强、参与主体多元、用户需求多样、技术应用前瞻等特点，协会需发挥好连接监管与市场，汇聚"政产学研"的桥梁和纽带作用，聚焦普惠保险、场景保险、绿色保险等数字普惠发展方向，努力提升资本、技术、数据等相关要素配置效能，激发保险科技创新潜能，促进行业规范健康发展。

三、数字化时代的保险客户经营策略

（一）未来已来——数字化加速颠覆旧模式，拉大行业差距

"十四五"时期，我国步入新发展阶段，与之相伴的特征是网络化、信息化、数字化和智能化。在"数字中国"发展战略的引领下，各行各业逐步推进数字化转型，"数字金融"时代就此拉开大幕。

在此背景下，中国保险行业正在发生广泛且深刻的变化。这种变化既源于行业进入新阶段、要求更深层次发展的客观要求，也来自外部生态环境急剧变化及国家政策的引导和驱动。数字化转型已成为推动保险业转型变革的核心力量。

中国保险行业的数字化转型呈现以下四个发展趋势。

（1）趋势一：数字化转型加速。数字经济成为发展新引擎，保险公司积极培育数字化能力，以科技创新为支点，融入产品、营销、服务、风控等各个环节，赋能智慧保险，构建全新的保险生态系统，推动客户经营转型升级。

（2）趋势二：数字化成为战略基座。"数字保险"已从原先的新兴理念，变为行业核心竞争力。数字化转型成为保险公司战略决策中的首选项或重点投资发展方向。

（3）趋势三：数字鸿沟拉大行业差距。保险业数字化转型如火如荼，头部机构在日新月异的市场竞争中掌握更先进的技术和更优质的数据，而中小机构信息科技基础设施相对薄弱、数字技术的使用缺乏广度和深度。这导致数字鸿沟不断扩大，基于数字经济的利益

分配趋向不均等，行业差距进一步拉大。

（4）趋势四：差异化转型路径成必然。随着数字化转型的深入，传统转型路径在长期激烈的竞争下已成为"红海"，转型红利难以释放。保险公司(特别是中小型保险公司)已难以通过"抄作业"的方式简单复制数字化能力。要跟上发展步伐，必须不断修炼内功，走出一条具有特色的转型道路。

数字化转型与客户经营转型相辅相成、互相推进。针对以上发展趋势，保险公司需要深入思考、不断实践、持续贯彻以客户为中心的经营理念。本书旨在为行业实现快速转型提供有益参考。

（二）转型之痛——传统经营模式难以为继

中国寿险公司当前的经营模式仍以渠道为中心，面对数字化时代快速成长、不断成熟、日益专业的客户，该模式弊端日益凸显，成为行业亟须解决的痛点。

1. 客户需求之变，对寿险行业提出新要求

第七次全国人口普查结果显示，我国人口增长率持续放缓。在此环境下，保险公司单靠规模扩张的模式无以为继，竞争转入存量市场。存量客户经营对保险公司或代理人而言是亟待深入学习的新课题。与此同时，科技带领保险行业进入数字化新时代，保险客群的构成和行为习惯也有所变化。

（1）新的客群结构：相对年轻的"80后""90后"客群成为购买保险产品的主力军，寿险行业的客群结构年轻化。

(2) 多元触达方式：新冠肺炎疫情加速新渠道发展，消费者对保险产品的接触渠道迈向多元化及数字化。

(3) 消费意识主动：消费者的保险意识觉醒，使其由被动营销向主动选择转变，保险客户变得越来越成熟与理智。

(4) 需求日益复杂：客户群体的需求由简单趋向复杂，如慢病人群、老年人群等，且需求日益复杂。

(5) 服务期望加大：客户对保险服务的要求日益提高且趋向精细化，不再局限于一张保单，而是期望得到更全面、综合的风险对抗服务方案。客户体验、服务质量在购买产品时的考量权重越来越大。

客户需求变化对寿险行业数字化发展提出新要求，倒逼保险公司改变传统经营模式，向"以客户为中心"转型。

2. 传统模式之痛，亟须打破转型路上的"四堵墙"

面对新生代客群日益复杂的保险需求，保险公司亟须全面实施以客户为中心的转型。然而，旧有模式的惯性和对传统路径的依赖，使转型过程中面临"四堵墙"。

(1) "运营之墙"——传统职能各自为政。销售、服务、风控和运营等部门仍以传统模式运作，未能实现以客户为中心的职能协同，在响应客户需求方面凸显出不敏捷、不深入、不彻底的弊端。

(2) "渠道之墙"——不同渠道缺乏共享。个险、团险、银保及互联网渠道单打独斗，数据、信息和资源无法打通，难以形成以客户为中心的经营合力。

(3) "服务之墙"——客服质量难以保证。客户对服务的要求日益提高且日渐精细化，但保险公司的客服部门往往仍被定位为内部保障型部门，无法基于统一客户服务及卓越客户服务的需求进行服务交付。

(4) "创新之墙"——创新路径存在局限。客户经营局限于价值链的单个节点，未突破传统业务模式的限制。这导致只能实现局部的降本增效，无法带来整体模式的根本性变革。

保险公司在转型路上要打破以上"四堵墙"，有效实现客户新需求与经营新模式的匹配，理顺寿险行业在新历史时期的生产关系，解放生产力，必须构建数字化能力，以数字化驱动组织、资源、能力形成和投放方式的变革。

（三）转型突围——四大策略打造差异化客户经营能力

以数字化驱动客户经营转型，需要将科技融入保险业务的各个环节，在提升传统经营能力的同时，构建新竞争优势，在复杂多变的市场竞争中脱颖而出。本节将重点阐述四大转型突围策略及具体建议。

1. 转型策略之一：客户经营理念从单一视角向多视角转变

1）数据驱动、动态演进的全方位客户洞察

寿险市场由原先的增量竞争转向存量开发，积极发展领先的数字渠道，通过全方位的客户数据、机器人顾问支持和自助服务工具，高效了解客户的潜在需求，以虚拟和面对面的方式提供超个性化风险建议及保障规划方案，既能为客户提供持续、动态和全面的服务，也可以提升客户关系，增强客户黏性。

在这个过程中，数据驱动的客户洞察是最重要的引擎之一。保险公司通过对交易数据、资产数据、产品数据、人口属性数据、客户行为数据的收集与分析，形成丰富的客户信息全景视图，深入刻画客户属性，挖掘现有存量客户需求，实现想客户所想，急客户所急。

数据驱动的客户洞察应重点围绕如下三个方面展开。

(1) 家庭：深入挖掘客户家庭成员潜在的寿险需求。在人口老龄化及三胎政策的背景下，客户家庭保险需求的增多为存量客户开发提供了良好的机会，而寿险公司是否能抓住这些潜在的机会成为关键。通过多维度数据分析，深入挖掘客户家庭内的寿险需求，继而精准推荐相关家庭险、少儿险、养老险等产品，并提供适配于家庭结构的定制化服务。

(2) 社群：围绕客户所在的社会群体属性，如白领、工程师等，挖掘其普遍性需求。根据相关需求，在营销策略、产品设计、服务创新等方面形成针对性解决方案，在细分客户群体中构建竞争能力。

(3) 人生阶段：针对不同客户未来人生的重要阶段，推荐个性化产品及服务。例如，通过数据挖掘与模型分析，精准预测客户未来求学、就业、结婚、生子、养老等事件，在适当的时间节点精准推送相关产品与服务，实现存量客户价值最大化。

案例1：i云保深度分析数据，满足客户个性化需求[①]

i云保通过搭建"云图智能数据中台"及超级数仓，深度剖析消费者行为数据，实现保险产品的高效匹配，真正满足消费者的保障需求。同时结合保险从业者的行为数据，根据不同的

[①] 普华永道. 数字化时代的客户经营转型报告 [R]. 上海，2021.

消费者需求场景，为其提供"线上+属地化"代理人服务，满足其及时、个性化的保险服务需求，有效挖掘了保险服务的长尾价值。截至目前，"云图智能数据中台"已实现匹配4000多个用户标签、3000多张保险产品知识图谱。

2) 以需求为导向的开放性、综合式风险解决方案

便捷和专业化越来越成为客户购买产品或服务的重要考量因素。以客户需求为导向，打造贯穿生命周期的全方位支持，是保险行业数字化转型的一大亮点。

纵览整个生命周期，客户需求的侧重点及抗风险能力随着人生阶段的发展动态变化，保障的重点也需随之调整。以风险模型测算各类风险指数变动趋势，结合数据深度分析，可以了解客户全生命周期的风险需求，并根据其不同阶段的家庭结构、风险偏好、财务状况和保障情况等，智能统筹规划，提出最有效的综合保障方案，如图7-1所示。

以客户为中心、开放且综合的风险解决方案，使保险公司不仅是保险产品的销售者，更是客户的全生命周期守护者。以下三种服务模式能满足开放且综合的要求。

(1) 以客户为中心的一揽子风险解决方案：通过数据分析手段及专业一对一"问诊"方式，整体衡量客户风险状况、风险承受能力、现有保障措施及保障预期，提供产品组合配置及保单统一管理及回顾服务，给予全面高效的风险解决方案。

(2) "保险保障+持续动态增值"的服务模式：随着风险保障含义的延伸与演变，满足客户保障的风险解决方案不拘泥于保险服

务，更强调基于客户需求动态变化的风险防范和生活质量提升。因此，在了解客户的行为习惯及风险重点、增加客户体验感的同时，以持续变化的需求为依托，帮助客户降低风险发生的可能性，或提供最为有效的风险解决措施，成为风险解决方案的一大特色。

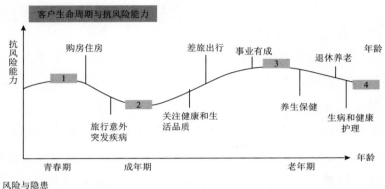

图7-1　客户生命周期与抗风险能力

(3) 以数据和平台为依托，打造客户服务管理平台：以科技与数据赋能，着眼于客户生命周期，提供一站式服务管理平台，在帮助客户便捷、及时地获得风险保障的同时，也有助于保险公司更加全面地了解客户及潜在机会。

案例2：大都会人寿360Health持续动态提供健康理念与一站式健康解决方案[①]

大都会人寿建立其子品牌360Health，致力于为客户提供一

———————————
① 普华永道.数字化时代的客户经营转型报告 [R].上海，2021.

站式健康解决方案，客户可以根据不同人生阶段的需求变化，自主选择、灵活调整产品与服务。该品牌通过与健康领域伙伴的合作，整合优质服务资源，从产品、增值服务到客户体验，涵盖日常预防咨询、早期诊断支持、专业医疗资源、持续康复支持、全面财务保障等服务。科普教育手册、在线智能预诊、人寿健康日等线上和线下活动也时刻协助客户积极了解、预防和管理重大健康问题。

案例3：横琴人寿与家持科技iHome家庭保障专家合作提供定制化保障服务①

横琴人寿于2019年推出了一款集家庭投保体检、家庭保单分析、家庭投保产品精准推荐、家庭在线健康管理等多项功能为一体的家庭保障智能营销工具iHome。该工具承载海量的中国家庭保障数据，借助大数据、人工智能等技术手段，能够基于消费者提供的信息，利用智能化的数据分析系统，为消费者的家庭归纳和总结出究竟"有什么、缺什么"，得出消费者家庭的综合风险评估方案。

结合为消费者家庭导出的综合风险评估方案，iHome能够突破现有可保风险与不可保风险的界限，为消费者家庭成员提供匹配险种、匹配产品等专属智能推荐方案，所有家庭类型均能一一匹配。

---

① 普华永道. 数字化时代的客户经营转型报告 [R]. 上海，2021.

2. 转型策略之二：客户经营目标由注重交易向挖掘长期价值转变

1) 体验至上的客户旅程管理

基于寿险产品的特点及市场发展，各保险公司在客户体验优化和管理方面也呈现出一定的变化。

(1) 服务手段智能化。越来越多的新技术被应用到保险服务中，如大数据分析、物联网、人工智能等。保险公司在提供运动健康管理服务时，可穿戴智能设备实时收集客户的运动及健康数据，通过大数据分析，可以指导产品设计和定价。

(2) 服务资源差异化。目前绝大多数保险公司都有明确的客户会员体系。给不同级别和不同价值贡献的客户提供差异化服务，有助于彰显客户身份，提升满意度。

服务手段和服务资源的优化升级，实质都是基于客户旅程的精细化管理。随着客户对服务体验关注度的提升，保险公司未来也将更聚焦在基于客户旅程的创新模式打造。

与保险公司相比，商业银行与客户的接触频率更高。针对体验至上的客户旅程管理，银行业有更丰富的实操经验可以借鉴。

案例4：英国劳埃德银行(Lloyds Bank)推动客户旅程改造，实现客户端到端流程优化[①]

英国劳埃德银行于2014年开启客户旅程改造项目，项目组对30个重要客户旅程进行了梳理，并最终决定对新客户和企业

---

① 普华永道. 数字化时代的客户经营转型报告 [R]. 上海，2021.

抵押贷款两个旅程先行改造。该行在2018至2021年之间，先后完成了约50条客户旅程的改造。凭借之前的改造经验，该行构建了一套基于客户价值的完整运营体系，推动数字化转型。

案例5：招商银行以用户价值作为核心评估标准，从客户视角重新审视、优化服务全流程①

2018年初，招商银行提出"打造最佳客户体验银行"的口号，基于客户旅程地图整理和提升端到端的流程，从客户视角重新审视、优化服务全流程。该行以内建平台、外拓场景、流量经营的理念，将场景和App作为业务的发展立足点，完善客户旅程，最终达到客户体验、业务效率、风险管控、运营成本的最优平衡。

案例6：海底捞提供客户至上的精细化服务②

海底捞以代客泊车、免费擦车、免费上网、免费擦鞋、免费美甲、帮助照看小朋友等贯穿就餐前、中、后的个性化特色服务，获得了品牌忠诚度和美誉度。

除此之外，在整个客户旅程中，不仅到店的顾客可以享受优质服务，海底捞也为顾客建立服务档案，其员工会记录顾客生日、家庭人数、孩子生日、纪念日等与就餐相关的有效信息，提供精细化服务。同时，海底捞租用了自己的专属呼叫中心，提供火锅外卖服务，借助数字化手段为客户提供了极大的便利。

---

① 普华永道.数字化时代的客户经营转型报告[R].上海，2021.
② 普华永道.数字化时代的客户经营转型报告[R].上海，2021.

案例7：小雨伞基于客户视角不断优化客户旅程①

　　小雨伞为客户提供闭环服务，覆盖从产品定制到用户咨询—购买—核保—理赔的全服务流程。与保险公司合作定制专属保险产品；人工智能客服"静静"可以在3秒内帮助用户生成家庭投保解决方案；在产品页面以图文形式讲解保险条款，并在相同页面进行保费试算及交易，实现从用户了解保险产品到购买的一站式服务；智能核保"小智"，支持疾病模糊搜索功能，可以准确快速地通过核保；"闪赔"服务可以自动识别用户上传的照片信息并计算理赔金额，对复杂案件提供一对一的理赔管家以全程协助用户理赔，如图7-2所示。

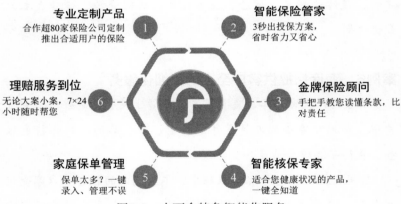

图7-2　小雨伞特色智能化服务

2) 互联网化的内容运营和社区经营

　　保险销售是一种低频交易行为。在当前激烈的竞争格局中，保险公司已不再局限于对保险产品的服务，而是不断延伸其价值链，

①普华永道.数字化时代的客户经营转型报告[R].上海，2021.

通过向互联网化内容运营的新打法，实现高频互动，将健康管理服务、保险教育服务及保单管理服务等作为高频触达客户的载体，提升客户体验，增加客户黏性。

（1）健康管理服务：2020年中国银行保险监督管理委员会出台《关于规范保险公司健康管理服务的通知》，从明确服务要求、规范业务运行及强化监督管理三个角度规范保险公司健康管理服务行为，提升专业化服务水平。随着消费者健康意识的提升，保险公司价值链不断延伸，为客户提供健康管理服务是健康险产品的新趋势。该类产品将保险公司在原有价值链中的事后属性前置，进行事前教育、事中防范，并且不断深化服务内涵，构建健康生活场景，达到以健康管理服务激活存量客户，与健康生活场景结合的效果。

（2）保险教育服务：保险公司通过各种平台入口发布或提供保险内容建议、保险配置建议、保险产品对比、常见病分析等知识，借助健康保障教育方式激发消费者主动购买的意愿。

（3）保单管理服务：对保险客户而言，当前在保单管理方面仍存在诸多痛点，具体包括：在不同公司承保的保单分散，对应不同的保障期限与缴费时间，容易遗忘而导致保单失效；对不同保单的保障功能不清晰，导致保险配置重复或覆盖的保障范围不全面；出险后对不同保单是否可以理赔存在困惑；当事人发生意外事故后，家庭成员对保障情况缺乏了解，难以及时跟进。保险公司及中介机构推出保单管理服务，将个人和家庭成员的全部保单集中汇总、统一管理，利用保单变更、续期提醒、保障分析等功能，让管理更便捷，保障更全面。

寿险行业产品销售的传统思维，是基于线下的信任关系实现客户转化。在互联网时代，人们的消费及生活习惯逐渐线上化，线下信任也逐步向线上社区转化。当前各大流量平台均有许多与保险相关的自媒体、关键意见领袖(Key Opinion Leader，KOL)等，这类渠道通过内容输出与客户经营，与粉丝群体建立了较强的信任关系，即社区信任。利用这种社区信任，对粉丝进行保险变现，其转化率相对于广撒网式的营销投放更高。但对保险公司而言，如何在社区信任的流量转化中实现客户价值提升，仍有待思考。

案例8：友邦人寿打造移动健康管理平台[①]

友邦人寿于2017年开创性地推出"健康友行"移动健康管理平台，为会员提供专业的健康知识，全面的健康服务，以及生动趣味性的健康习惯养成方式，助力会员获得长期、优质的健康生活。

在友邦的"健康友行"移动健康管理平台中，用户需要先通过购买友邦的寿险产品获得服务资格，然后下载"健康友行"App享受相应的健康管理服务。"健康友行"服务内容主要包括健康互动任务、健康主题会员活动、健康评估、每日健康管理、健康医疗管理、运动训练课程和健康资讯。

在友邦"健康友行"的生态模式下，运动健康管理服务为用户和保险公司带来了双赢。

对于用户而言，通过运动健康管理服务，帮助其建立起良好的生活习惯，降低慢性病的发病率。通过完成健康互动任务，

---

① 普华永道. 数字化时代的客户经营转型报告 [R]. 上海，2021.

用户可以获得会员等级的晋升，获得奖励积分。不同的会员等级和积分在购买寿险产品时可以享受不同的优惠折扣。

而对于保险公司而言，寿险客户的健康状况提升、发病率的降低，可以带来赔付率的降低。减少寿险赔付就是获得更多利润，如图7-3所示。

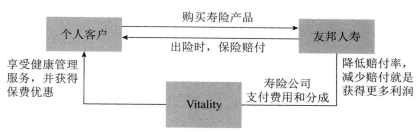

图7-3 友邦"健康友行"经营逻辑示意图

案例9：腾讯微保持续创作优质内容并匹配客户需求[①]

"腾讯微保"是腾讯旗下的保险代理平台。其角色定位为连接器，用户可以通过微信在该平台上购买、查询及理赔。该平台近几年开展了对内容战略的探索，创造内容生产者、用户及平台繁荣共赢的"好内容"环境，通过各种技术手段，融入可以辅助理解并购买保险的一系列工具与产品，为客户提供了丰富多维、可覆盖售前、售中、售后的服务权益，体现出平台在内容生态布局方面的长期主义价值观和基于内容建设的独特能力。

腾讯微保在过去两年善用内容运营，推出风险测评、保险

---

① 普华永道.数字化时代的客户经营转型报告[R].上海，2021.

研究院、保单管家等功能模块，打造基于内容生态的保险连接器。

该平台的保险原创内容激励项目"首席计划"，聚合了来自保险垂类、理财投资、母婴育儿、医疗健康等跨圈层内容创作者，结合用户全生命周期的内容需求，以自身专属激励方案及流量扶持计划，为客户提供优质科普内容。

案例10：小红书社区运营实现流量转化[①]

"小红书"以全球购物分享社区起家，采用"社区+电商"的商业模式，引导用户阅读社区笔记，并通过短视频、图文等形式记录生活，实现用户引流，创造了由用户到客户，再到账户的转化路径，成为一个广受青睐的平台。该平台善用社区运营，以小红心商品打分系统、明星入驻引发话题、核心话题发布、为主推商品造势等方式维护社区活跃度，以社交与流量变现等方式维护社区内容质量，并将用户互动信息转化为对电商的数据支持。与此同时，电商消费又可以为社区分享提供素材，最终形成社区与电商的有机生态闭环。

3) 创新式长尾客户经营

在传统寿险场景中，代理人是主要拓客渠道。长尾客户虽然数量庞大，但单个资金有限且信息冗杂，并没有成为深挖的对象。在互联网时代，代理人不再是客户接触服务的唯一途径，数字科技也大大降低了长尾客户的服务成本。

---

① 普华永道.数字化时代的客户经营转型报告[R].上海，2021.

根据中华人民共和国卫生部统计数据显示，2019年中国的个人医疗支出比例为28.4%，远高于西方发达国家的个人支出比例，这表明我国大量人群都面临着"看病贵"的问题。为了解决这一问题，2020年中共中央与国务院共同颁布《关于深化医疗保障制度改革的意见》，为城市普惠保险的发展提供政策支持。目前普惠保险在各地快速发展迭代，由于各地情况不同，"一城一模式"为保险公司主要的运营方式。正在或将要以城市普惠险拓客的保险公司需要认真调研当地的实际情况，设计出具有地域特色的城市普惠保险业务，从而吸引长尾客群并将其转换为商业保险客户。

长尾客户的分析难度相对较大，科技为数据存储与处理提供了便利，也让保险公司具备了分析庞大信息的能力，快速识别与洞察客户需求，通过记录后续服务、追踪客户动态，管理客户生命周期，提供定制服务。

在意识到长尾客户的潜力及科技进步将带来能力的提升后，保险公司需要考虑的第二步是如何设置完善的长尾客户发展体系。对外，保险公司要积极拓展长尾客户的覆盖面，有针对性地提供个性化服务，搭建数字化、全方位的智能营销平台。对内，保险公司要开发一套完整的服务体系，确保部门间数据互通。

案例11：水滴保长尾客户经营[①]

水滴公司旗下目前的两大业务水滴筹和水滴保险商城广泛覆盖长尾客户，提供多样化服务，完善业务关联，不断地将长尾客户转换成了价值客户。

——————————
① 普华永道. 数字化时代的客户经营转型报告 [R]. 上海，2021.

水滴筹借助微信等社交场景，以低成本接触用户，广泛覆盖长尾用户。通过互联网对产品进行介绍和销售，让公司产品以更高效、更经济的方式向长尾客户渗透。

此外，水滴也建立了一套完整的业务推荐关联体系，环环相扣、针对性强，实现了长尾用户从了解产品到购买产品顺畅连接。

案例12：民生银行建立长尾客户经营的内部机制体系[①]

民生银行从内部建立了一套针对长尾客户的业务体系。因为长尾客户数量众多、客户分散，国内没有发展完善的信用体系，银行在推行小微企业贷款方面承担着较大的风险。民生银行"商贷通"业务团队发展了一套"一圈两链"的挑选方式。所谓"一圈"是指将小微企业贷款服务瞄准各个城市主要的大型商圈。"两链"是指销售链与供应链：销售商需要依托大企业发展业务；众多中小商户也会围绕一个核心企业进行供货服务。

3. 转型策略之三：客户经营模式从以我为主向开放协同转变

1) 以客户为中心的渠道协同

消费者在购买产品、使用渠道及与商家互动时，希望过程具有多样性、灵活性、简单化和个性化。数字化消费者愿意增加与保险公司的互动，使保险公司能够按需提供服务。保险公司为客户提供

---

① 普华永道. 数字化时代的客户经营转型报告 [R]. 上海，2021.

服务的触点不断延伸，客户可以通过电话、官网、移动应用、小程序、代理人等多渠道与保险公司交互，与过去相比丰富了许多。但在渠道多样化的同时，渠道间未能充分发挥协同效应，降低了客户体验并增加了保险公司运营成本。

保险公司应构建全渠道协同模式，让客户在任意渠道均可被精准识别，并调出相关的交互数据。这不仅能够实现不同渠道间无缝衔接，还能将整合的信息用于销售服务、保单服务及增值服务，如图7-4所示。

具体措施包括：一是利用数据中台技术打通"数据篱笆"，为跨渠道的信息和业务流转提供数据基础，实现精准营销，提高出单效率；二是利用大数据分析和人工智能技术，对各渠道的投入产出绩效进行归因和预测分析，为管理层在渠道内的投入和渠道间的资源配置提供依据，将营销渠道管理从静态变为动态。

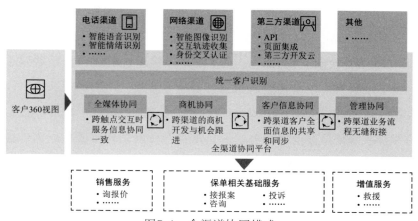

图7-4　全渠道协同模式

案例13：轻松集团与华泰保险、中再产险合作，推出首款全产业链区块链保险产品[①]

2018年轻松集团与华泰保险、中再产险合作，推出首款全产业链区块链保险产品——鸿福e生尊享版百万医疗保险。该产品运用区块链技术，打通前端渠道、中端承保、理赔和后端再保，使得数据在各个流程环节间能够及时传递，实现多方信息共享。保险公司和再保险公司可根据客户数据，调整每年续保费率，提升经营效率。

2) 多模式和多场景的数字化获客

(1) 对于代理人渠道：保险科技提升了代理人的效率和服务质量，通过数字化手段赋能展业工具及对代理人的职业培育，实现该渠道的转型升级。在信息科技时代，营销员能有效利用大数据、人工智能等技术，以更方便、更低价、更高效的方式把握消费者需求并及时响应，优化客户体验。

(2) 对于专业中介渠道：保险中介机构通过搭建自身互联网平台、下设科技类子公司及与第三方合作等方式，积极布局保险科技应用，赋能合作伙伴。中国银行保险监督管理委员会于2020年出台的《互联网保险业务监管办法》，从提升保险销售和服务能力、提高风险识别和业务运营能力、建立保险领域数据库创新数据使用及中介机构之间的协同合作资源共享的角度，提出保险中介机构应注重保险科技能力的开发与应用。

[①] 普华永道. 数字化时代的客户经营转型报告 [R]. 上海，2021.

除了以上两个传统渠道，保险公司也要依托互联网平台等新兴渠道。当前网络用户呈现年轻化的特点，线上服务备受青睐。不过，大流量平台近年来成本不断攀升，转化率不高，件均价值和复购率都低。与此同时，大平台把持客户主导权使得保险公司触达客户的方式受限，使得许多保险公司开始自行布局媒体矩阵，通过内容输出与保险服务形成合力，获取和经营私域流量。

自媒体矩阵可以自主运营，也可以与外部自媒体载体合作。自主运营的保险公司通过微信公众号、微博、知乎和抖音等平台，利用多种方式宣传保险理念及公司特色，提升关注度，获得潜在客户的认同。外部自媒体主要是活跃于各种新兴媒体渠道的关键意见领袖，保险公司为他们提供保险相关内容，后者根据自身兴趣及推广风格进行修改，再分享给下游粉丝及客户。

最后，保险公司也将业务融入核心生活场景。保险公司和新兴互联网平台合作，从基础引流模式向定制化场景转变，通过保险需求和服务产生共鸣。例如，在日常社交、购物、支付、旅游、餐饮、诊疗等场景中嵌入保险产品和服务，实现客户转化和精准营销。

案例14：平安人寿"一站式金融移动展业平台" 赋能代理人渠道①

平安人寿的一站式金融移动展业平台以首创"空中签名"的投保模式，打破签单关键环节的时空与地域限制，让代理人和客户随时随地实现云端互通，轻松出单。代理人在移动应用上

---

① 普华永道. 数字化时代的客户经营转型报告 [R]. 上海，2021.

完成建议书制作、系统自动核保，消费者也在同一平台完成签字确认，无须到现场纸质投保，同时还引入人脸识别技术进行客户身份验证。

该平台也为客户带来了更为简单易懂的建议书演示方式。以前代理人对产品核心信息的讲解复杂，客户难以理解且感到困惑，该平台提供的手机端建议书，通过巧妙的年龄滚动条的设计方案，根据关键保单年度、关键利益项等维度智能推荐，让客户快速便捷了解产品的核心信息。

案例15：慧择通过自媒体营销矩阵实现业务规模飞速增长①

慧择保险经纪公司于2020年成功在纳斯达克上市。根据招股书数据，其合作自媒体营销号数量自2017年至2019年一直处于增长态势，2017年至2019年上半年分别为14564个、17050个和17587个，覆盖微信、微博、知乎等平台，其中不乏"深蓝保""保二爷"等保险博主及作家六六等知名人士。该公司搭建的超级营销矩阵，通过保险评测、保险产品对比、知识科普等方式，使其业务规模高速增长，如图7-5所示。

为了迅速繁殖营销账号，该公司以"齐欣云服"平台为载体，连接公司及自媒体，通过提供详细的产品介绍及链接，供营销号进行保险产品的自主选择。营销号通过发布测评、投放链接等方式触发粉丝阅读，激发保险产品需求，实现流量变现。

---

① 普华永道. 数字化时代的客户经营转型报告 [R]. 上海，2021.

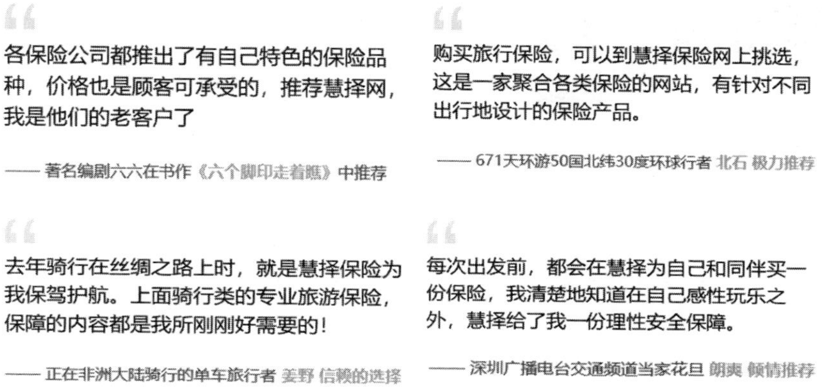

> 各保险公司都推出了有自己特色的保险品种，价格也是顾客可承受的，推荐慧择网，我是他们的老客户了

—— 著名编剧六六在书作《六个脚印走着瞧》中推荐

> 购买旅行保险，可以到慧择保险网上挑选，这是一家聚合各类保险的网站，有针对不同出行地设计的保险产品。

—— 671天环游50国北纬30度环球行者 北石 极力推荐

> 去年骑行在丝绸之路上时，就是慧择保险为我保驾护航。上面骑行类的专业旅游保险，保障的内容都是我所刚刚好需要的！

—— 正在非洲大陆骑行的单车旅行者 姜野 信赖的选择

> 每次出发前，都会在慧择为自己和同伴买一份保险，我清楚地知道在自己感性玩乐之外，慧择给了我一份理性安全保障。

—— 深圳广播电台交通频道当家花旦 朗爽 倾情推荐

图7-5 慧择保险经纪自媒体矩阵的示例

3) 开放式的生态圈客户经营模式

由于市场环境复杂多变，大多数保险公司纷纷开始探索构建特色化生态圈服务模式。通过打造生态圈，将服务环节前置，形成更完善的客户经营体系，形成更强的获客、转化、持续经营、服务、提升、留存能力。生态圈在品牌传播、用户习惯培养、销售转化、外部非保险资源整合、增强客户黏性等方面，都能发挥巨大作用。

保险公司较为典型的生态圈主题大致可以分为四类，分别是医疗健康、养老、生活和金融，如图7-6所示。

一般来说，生态圈构建主要有投资、合作、融入及自建四种形式。保险公司可结合自身业务发展的目标和能力，选择适合的外部资源建设模式，如图7-7所示。

图7-6　保险公司四种典型生态圈主题

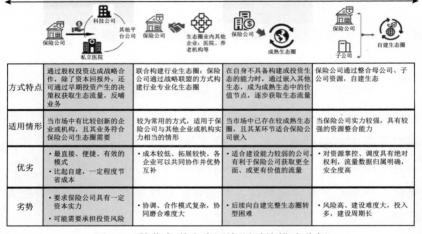

图7-7　普华永道生态圈资源对接模式分析

案例16：平安人寿多主题、一站式生态服务模式①

平安人寿于2016年8月，将旗下"平安人寿E服务"平台正式更名为"平安金管家"，旨在打造为用户提供全方位服务的移动金融生活平台。该平台是平安人寿旗下典型的多维生态

---

① 普华永道.数字化时代的客户经营转型报告 [R]. 上海，2021.

圈，平台上搭载包括保单管理、财富管理、健康管理、活动福利及生活服务在内的五大服务，如图7-8所示。

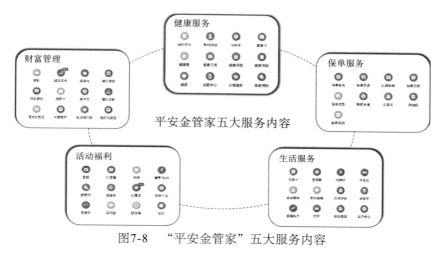

图7-8　"平安金管家"五大服务内容

案例17：贝壳通过经纪人合作网络改变行业博弈结构①

　　贝壳改变了行业博弈结构，通过数字化手段，形成ACN(Agent Cooperate Network)行业合作网络，连接各房源经纪品牌和经纪人。在ACN网络中，一位经纪人可能同时承担多个角色，承担的角色越多，获得的利益越多。与此同时，贝壳提供了包括二手房、新房、租赁、社区、装修的多元居住服务，使客户通过平台一站式解决与住房相关的问题。

　　贝壳提供了线上大平台入口和线下门店网络，最终形成了与经纪人、房源经纪品牌、3亿家庭连接的B端、C端生态网，通

① 普华永道.数字化时代的客户经营转型报告 [R].上海，2021.

过品质、赋能和合作，形成共生共赢的数字产业开放式生态，实现了多赢博弈。

4. 转型策略之四：客户经营组织从条块架构向柔性平台转变

保险公司传统的组织模式以渠道为中心，导致在客户经营上无法提供及时、有效和全面的服务。在传统经营模式下，各个服务环节割裂、时效性差，无法满足客户需求，整体服务体验不佳。

针对客户对服务提出的新要求，以及传统客户经营存在的问题，部分保险公司在组织模式上采取了新举措，即采用敏捷组织的模式。打造众多的敏捷团队，有助于协调销售渠道上的各项产品和服务资源，更好、更快地响应客户需求。

目前，大多数保险公司在尝试灵活组织模式的过程中，仍聚焦在前端产品销售上，"以客户为中心"的经营理念仅停留在口号阶段。在经营思路上，要真正实现围绕产品向围绕客户体验转型，从做销售向做服务转型，以利润导向向以价值导向转型。前端的销售型灵活组织，转变为基于客户服务的服务型灵活组织，真正打破组织和职能的界限，实现"N对1"的客户服务模式，基于客户体验和客户服务，形成矩阵化的客户经营组织模式，如图7-9所示。

在管理机制上，保险公司要健全激励相容的考核机制，完善相应的绩效指标。实施考核的目标是激励而非限制，制定人性化的考核指标，能够让员工在宽松、公平的氛围中获得更多动力，同时也需要保持一定的压力，调动员工的积极性。考核结果要与员工受益点捆绑一体，体现激励相容的原则，表现优秀的员工给予加薪、升职奖励；表现较差的则给予通报批评、调岗等处理。

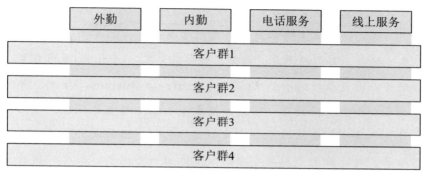

图7-9 矩阵式客户经营模式示意图

在调用机制上，要建立完善的人力资源调用平台。依托数字化技术手段，在平台上实现人员的实时调用。理论上，所有组织内的成员及其相关技能都应在平台中展现，能够被相关人员即时查阅和调用。这将大大促进灵活组织成立的效率，便于领导者按需成立理想的团队。

在应用方向上，未来的寿险客户服务和客户经营，将不再局限于通过业务人员触客。保险公司应考虑参考互联网公司，打造更具灵活性的组织模式，打破职能界限，将敏捷组织的职能向外延伸。

案例18：海尔集团的"自主经营体"组织管理模式①②

海尔集团是阿米巴经营模式在中国的成功实践。该集团创新性地提出"自主经营体"和"人单合一"等管理模式，一方面

---

① 曹仰峰. 海尔转型：人人都是 CEO[M]. 北京：中信出版社，2014.
② 穆胜. 重塑海尔：可复制的组织进化路径 [M]. 北京：人民邮电出版社，2018.

极大地激发了员工的活力，提高了员工的自主能动性；另一方面又能有效地满足顾客的个性化需求。

自主经营体是海尔商业生态网络中最核心的要素，也是最基本的创业和创新单元。该集团将每位员工(或小团体)视为自主经营、自负盈亏的小企业(SBU，Strategic Business Unit)，并为每一个SBU设计了一张财务报表——SBU损益兑现表，自己对自己负责，企业对整个流程都进行控制。根据表上所反映的结果，对连续两个周期亏损的人员做出一定调整，而有利润的SBU员工可以提成。

为了快速识别顾客的个性化需求，海尔采用"倒三角"组织管理模式：处在最顶端的是与顾客接触最直接的人(一级经营体)，再往企业内部延伸到二级(平台)经营体和三级(战略)经营体。基于顾客的个性化需求，设立了一系列的挑战性目标，并将此目标的达成作为考核各个自主经营体的标准。在这种权力倒逼机制中，所有人都要根据顾客的评价来进行协同，直至满足顾客需求为止，如图7-10所示。

凭借"自主经营体"组织管理模式，该集团建立了质量"零缺陷""24小时限时到达"等经营目标，倒逼内部的整个价值链环节和运营体系，在为顾客创造优质体验的同时，也增强了市场竞争力。

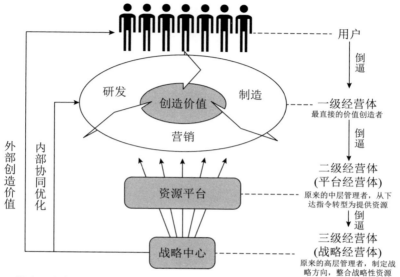

- 纵向三级组织协同的零距离
- 横向三类组织(一级经营体)与用户的零距离

图7-10　海尔集团倒三角组织结构示意图

案例19：横琴人寿的"准创业制"[①]

横琴人寿自诞生之日起，就努力尝试建立混合型前端，淡化渠道的标签，对渠道规则进行重新设定，根据销售产品、交易平台、客户来源等综合因素，设定基于平台的、透明化的利益分配规则。"混合型前端"模式的实质是一种合伙型分销网络，是生产关系的重新塑造和优化，在新时代下将发挥巨大作用。企业也将从现在的链条模式变为两极驱动模式，既从头部驱动，也从底端驱动。

---

① 普华永道.数字化时代的客户经营转型报告[R].上海，2021.

在这个模式中，营销员和保险公司是合伙关系。由营销员经营家庭客户，为之提供优质的服务和专业的咨询，而公司提供平台和技术等支持。公司鼓励营销员发挥企业家精神，将家庭客户作为终生的事业，做成一个合伙型的企业，如图7-11所示。

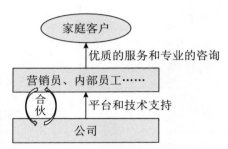

图7-11　横琴人寿准创业制模式示意图

自创立"混合型前端"模式以来，合伙人机制在实践探索中走向多元化，孵化了多类型的合伙人，包括总部直属合伙人、区域合伙人、渠道孵化合伙人、机构合伙人等，进一步激发创新创业板块的活力。2020年，横琴人寿新单期缴中银保渠道占36%，中介渠道占30%，"双创"团队占34%。与此前的银保一边倒相比，已经有了明显的改善。

案例20：ING银行的"部落制"①

ING银行的工作方式是通过设置敏捷组织结构实现，包括抵押贷款、抵押服务、安全和私人银行等13个部落，如图7-12所示。

① 普华永道.数字化时代的客户经营转型报告[R].上海，2021.

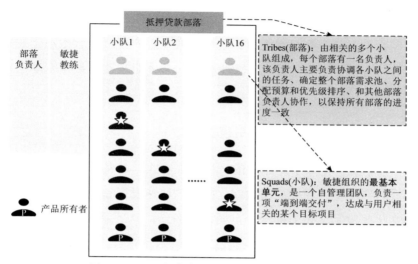

图7-12　ING银行部抵押贷款部落制示意图

　　部落是由相关的多个小队组成，每个部落有一名负责人，主要协调各小队之间的任务，确定整个部落需求池，分配预算和优先级排序，和其他部落负责人协作，保持所有部落的进度一致。小队是敏捷组织的最基本单元，是一个自管理团队，负责一项"端到端交付"，达成与用户相关的某个目标项目。每个部落有1至2个独立架构师和交付负责人对部落需求、任务进行统筹、处理、解决。

（四）转型保障——夯实四大数字化能力，筑牢客户经营底座

　　在数字化时代，以客户为中心的经营转型，必须以领先的数字化能力为支撑，由此建议保险公司夯实并突出四个方面的数字化能力建设。

其中，数字化文化将发挥转型的引领作用，通过数字化组织建立创新发展的全面组织支撑，数字化架构适应开放化、生态化发展模式，夯实平台架构基础，数据资产运营立足于建立数据驱动运营的新模式。

1. 以数字化创新文化为引领

数字文化是数字化意识的一种表现形式，具备数字化的意识并形成数字文化，才能推动数字化技术的快速发展和应用。数字化创新文化是数字文化中的一个重要组成部分，也是金融行业由数字化到智能化转变的基石。

实践证明，成功创新的企业普遍愿意接受风险，项目管理灵活，团队组织敏捷，愿意授权和支持员工培训，具有协同和协作文化，致力于打破部门壁垒且能够快速决策和应对挑战。这些特质是保险公司投入创新活动和完成数字化转型必不可少的要素。普华永道思略特开展的一项针对2200多名高管和经理的调查显示，公司的转型与企业文化相适应，员工进行可持续变革的可能性会增加两倍以上。

然而，数字化创新的过程是复杂的，而且需要一定时间进行测试与维护。保险公司不可以急功近利，确保创新技术完善与成熟才能使基业长青。

打造数字创新文化，组织的敏捷性、合作制、创新力和时效性是关键影响因素。保险公司可以从以下六个方面开展实践。

（1）制定总体创新策略。围绕金融创新和科技创新两条基本路线，从管理创新、业务创新入手制定创新策略，逐步形成创新文化。高级管理层应作为先驱和表率，充分发挥数字化领导力，推动总体策略下的创新机制建设。

（2）成立创新敏捷小组。越来越多的金融机构开始探索和实施敏捷小组机制，以此进行的创新产品的管理、信息系统和应用程序的开发已经具有许多成功的案例。应建立跨部门的创新敏捷小组，鼓励员工创新和合作，向企业底层注入创新基因。

（3）利用数据分析创新。数据和分析技术能使新趋势、新发展、创新方法和技术创新为管理层和分析人员所用。无论是在今天还是未来，利用数据分析训练科学的创新和设计思维，帮助跟踪趋势，革新流程并明确与企业相关的战略目标。

（4）设置数字创新激励。很少有企业为创新设置激励，因而无法激发创新活力。科学公平的激励机制是帮助企业有效达成目标的方法之一，应设立数字化创新奖励基金，数字化创新考核、排名机制①。

（5）创建卓越创新中心。许多的创新和创造都来自实验室，保险公司可以通过独立或合作的方式创建创新实验室，打造卓越创新中心，通过文化、流程、技能与管理的手段，让整个企业随时可以实验和测试新概念，再将新概念转化为现实。

（6）塑造创新行为准则。塑造与数字化新型能力相匹配的创新文化，把数字化转型战略、愿景和使命转化为全体员工自上而下和自下而上的价值观和行为准则，并利用数字化工具宣贯创新行为准则，巩固数字化转型成果。

---

① 中国互联网金融协会互联网保险专业委员会，普华永道.保险行业数字化转型研究报告 [R]. 上海，2020.

2. 以数字化平台架构为载体

传统企业的架构模式已经不适应当前开放化、数字化、智能化的发展需要。平台架构转型升级是数字化转型的基本要求，基础设施、应用架构、数据架构、技术架构、安全架构等，都要进一步适应开放化、中台化、云化、平台化、服务化和智能化的要求。

(1) 开放化：保险行业向其他组织和行业开放、分享、使用数据资源与服务，并与生态系统内的伙伴合作，创造新价值主张，产生新收入来源，加深客户关系。

(2) 中台化：传统"烟囱式"架构向中台模式转变，实现专业能力的统一、标准化及共享，是适应前端业务个性化、经常变动的功能，保证系统的稳定性。

(3) 云化：是增加业务弹性、降低IT成本、提高系统稳定性，进一步向一体化的云架构转型；建设异地双活的数据中心，实现前端和关键应用的双活。

(4) 平台化：基于保险产业全链的数字化而提供端到端的优质体验和差异化服务，特别是在后流量时代，科技能力和技术创新成为平台化的基础。

(5) 服务化：以增加服务效率、降低经营成本、增强客户黏性、改善客户体验为目标，由聚焦客户转换为聚焦用户，以创造价值为核心[①]。

(6) 智能化：利用人工智能、大数据、区块链、物联网等技术，

---

① 中国互联网金融协会互联网保险专业委员会，普华永道.保险行业数字化转型研究报告[R].上海，2020.

结合实际业务场景和流程，进行数字化技术应用及技术平台设计。

总体来看，构建一体化、标准化的数据中台，促使信息互联互通；建设私有云平台，形成资源弹性供给；构建共享技术平台，提升开发效率，降低运维成本，已成为业内数字化技术和架构的主流趋势，更是数据驱动保险经营的重要选择。

3. 以数据资产运营为驱动

数据资产运营是当前实现数据驱动运营的关键，需要建立完善的数据资产运营平台及生态体系，衔接内外部数据资源，进行数据资产的加工、生产、运营、商业化输出。

完善的数据资产运营生态体系建设，包括以下五项战略要素，如图7-13所示。

(1) 数据文化：打造数据驱动经营的企业文化，着力提高使用数据分析问题、解决问题的能力。

(2) 数据管控：在统一政策制度体系下实现数据质量、标准管理、主数据管理、安全管理、元数据管理和数据生命周期管理等能力，确保数据质量及可信度。

(3) 数据平台：搭建基于数据湖和数据中台为核心的数据基础设施，提升数据整合处理、加工及分析洞察能力，提升数据价值。

(4) 数据运营：建立数据运营管理体系，形成数据资产运营、数据资产流通变现、数据服务产品化能力，驱动数据资产价值最大化。

(5) 场景创新：在满足合规和数据管控的要求下，结合业务场景，实现数据应用创新，不断提升对内赋能和对外输出的能力。

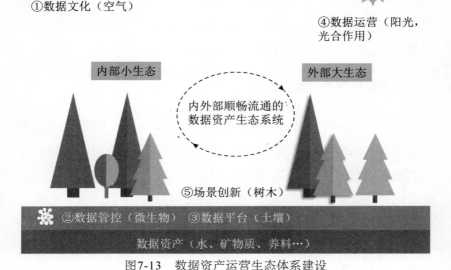

①数据文化（空气）

④数据运营（阳光，光合作用）

内部小生态

外部大生态

内外部顺畅流通的数据资产生态系统

⑤场景创新（树木）

②数据管控（微生物）　③数据平台（土壤）

数据资产（水、矿物质、养料…）

图7-13　数据资产运营生态体系建设

4. 以数字化组织模式为支撑

企业组织架构变革是数字化转型的重要领域，也是支撑转型落地的核心。因此，有必要先明确清晰的数字化组织架构定义，同时对职责进行恰当的划分。从内部协同发展的角度看，数字化转型一定是跨业务条线、跨业务部门的，且不会有明显的边界。

保险公司要设计专门的数字化组织，董事会及管理层应着手为数字化转型提供动力，推动组织搭建和优化，设置首席数字官并配备数字化专职人员，进行数字化研究、牵头落地和推广，明确自身数字化转型的定位。保险公司还应设立专门的数字化预算及数字化创新基金，为数字化项目开辟绿色审批通道，激励员工创新。在这个过程中，董事会和高级管理层必须转变思维方式，把自己从高级决策者变成为全体员工加油的教练，亲自监控数字化转型的过程，审阅转型成果。

数字化组织的建立要突破传统"IT组织"的思维，通过"业务+科技""数据+科技""传统业务+创新业务"和"前瞻研究+创新孵化"等不同组合模式，构建立体化、全方位的数字化创新组织。

从具体落地执行来看，有以企业内部为主的企业级数据资产运营中心、科技BP(Business Partner)新模式，企业内外部融合的数字工厂、企业科技加速器，也有在企业外部另行成立的科技公司、创新研发基地和金融科技研究院等。

(1) 企业级数据资产运营中心。在传统IT部门、IT中心之外，单独设立数据资产运营中心，完成数据资产的采集、加工、资产化、场景化、商业化输出，服务于内外部应用场景，用于经营管理、机器学习、预测分析和物联网等。基于最大化数据资产价值，全面推动数据驱动运营的数字化转型目标。

(2) 科技BP新模式。科技BP是指科技业务合作伙伴，是派驻到各业务或事业部门的科技人员，其主要工作内容是作为业务单元和科技部门之间的桥梁，负责公司的信息科技管理政策制度在各业务单元的推行落实，协助业务单元完善科技管理工作和发展业务单元各级干部的科技管理能力。典型代表是华为科技BP模式。

(3) 数字工厂。作为数字创新机构，推动企业创新和孵化创新产品，为客户提供定制化或个性化的数字解决方案。典型代表是安联集团的全球数字工厂，其负责为客户提供定制化的数字解决方案，推动安联数字创新。

(4) 企业科技加速器(创新中心)。它是介于企业孵化器和科技园区之间的一种中间业态，其主要职责是负责创新科技转化，一般有公私合作、校企合作、企企合作、研企合作等方式，典型代表是腾讯的企业科技加速器模式。

(5) 科技公司。创新市场化包含IT部门市场化型、金融科技输出型、集团融合型等。典型代表如平安集团旗下的平安科技，建设银行旗下的建信金科[①]。

(6) 创新研发基地。其重点是探索科技体制建设，打造金融科技和数字技术创新的新模式。典型代表如中国银行，其在北京、上海、雄安、苏州等地设立了创新研发基地，设立新技术实验室，开展"产学研创"模式探索。

(7) 金融科技研究院。其主要业务方向是开展金融科技新技术前瞻性研究及技术储备、重点金融科技领域战略规划布局和创新应用。典型代表如工商银行金融科技研究院，下辖涵盖区块链、大数据、人工智能、云计算、分布式、5G、物联网、信息安全等技术领域的金融科技创新实验室。

[①] 中国互联网金融协会互联网保险专业委员会，普华永道.保险行业数字化转型研究报告 [R]. 上海，2020.

参 考 文 献

[1] 刘绪光. 数字账户、平台科技与金融基础设施[M]. 北京：中国金融出版社，2022.

[2] 杨农，刘绪光，李跃，等. 金融数据资产：账户、估值与治理[M]. 北京：中国金融出版社，2022.

[3] 杨农. 数字经济下数据要素市场化配置研究[J]. 当代金融家，2021(4)：3.

[4] 吕富生. 论私人的政府数据使用权[J]. 经法学，2019(6)：24-35.

[5] 龙禹桥，徐伟强等. 智慧农险关键技术及应用分析[J]. 中国农业信息，2019，31(6)：93-106.

[6] 唐金成，李笑晨. 保险科技驱动我国智慧农险体系构建研究[J]. 西南金融，2020，(7)：86-96.

[7] 刘绪光，郑旭，方晓月. 数据资产、数字账户与数据交易流转机制[J]. 银行家，2020(11)：111-114.

[8] 吕富生. 论私人的政府数据使用权[J]. 经法学，2019(6)：24-35.

[9] 史宇航. 数据交易法律问题研究[D]. 上海交通大学，2017.

[10] 吴秋玉. 数据资产的风险定价模型[D]. 大连理工大学，2018.

[11] 费方域，闵自信. 数字经济时代数据性质、产权和竞争：大数据经济学视域下的竞争政策[J]. 财经问题研究，2018(2)：3-7.

[12] 陆岷峰，王婷婷. 数字化管理与要素市场化：数字资产基本理论与创新研究[J]. 南方金融，2020(08)：3-12.

[13] 叶雅珍，刘国华，朱扬勇. 数据资产化框架初探[J]. 大数据，2020，6(3)：3-12.

[14] 徐枫，伏跃红，施红明. 金融科技监管的国际经验与中国探索[J]. 银行家，2019(4)：100-102.

[15] 郭为. 数字经济，挑战与选择[J]. 企业管理，2021(02)：10-12.

[16] 曹仰峰. 海尔转型：人人都是CEO[M]. 北京：中信出版社，2014.

[17] 穆胜. 重塑海尔：可复制的组织进化路径[M]. 北京：人民邮电出版社，2018.

[18] 普华永道. 保险行业数字化转型研究报告2020[R]. 上海，2020.

[19] 郭兵，李强，段旭良，等. 个人数据银行——一种基于银行架构的个人大数据资产管理与增值服务的新模[J]. 计算机学报，2017，40(1)：18.

[20] 姚江涛，袁田. 大数据时代，"数据资产"与金融应用前景[J]. 当代金融家，2017(9)：4.

[21] 刘绪光. 互联网保险发展现状与治理策略[J]. 金融电子化，2020(7)：4

[22] 中国保险行业协会. 中国保险行业智能风控白皮书[R]，2019.

[23] 数字化时代的客户经营转型报告[R]. 中国银行保险，2021.09.

[24] 中国保险中介行业发展趋势白皮书(2019)[R]. 普华永道，2019.

[25] 航天信德智图. 遥感卫星承保验标和查勘定损流程与案例[R]. 北京，2020.

[26] 赵岑，孙潇潇. 国外保险集团的数字化转型之路[J]. 清华金融评论，2017，000(012)：30-34.

[27] 唐金成，刘鲁. 保险科技发展模式比较与经验启示[J]. 金融理论与实践，2020(8)：7.

[28] 韩雪萌. 数字化浪潮涌来 保险企业转型再进一程[N]. 金融时报，2020-12.

[29] 盛和泰. 矢志践行初心使命 科技赋能高质量发展[J]. 金融电子化，2021(6)：4.

[30] 杨煊. 中国平安的保险业务数字化转型研究[D]. 广东工业大学硕士论文，2021.

[31] Berger S and Gleisner F, "Emergence of Financial Intermediaries on Electronic Markets：The Case of Online P2P Lending" [A].Working Paper, University of Frankfurt, 2008.

[32] Nicola Gennaioli, Andrei Shleifer&Robert. Vishny,

(2012)，"Neglected risks, financial innovation, and financial fragility" [J]，Journal of Financial Economics.

[33] Vidyanand Choudhary，Rajeev K. Tyagi. Economic incentives to adopt electronic Payment schemes under competition. Decision Support Systems，Volume 46，Issue2，January 2009，Pages 552-561.

[34] Beshouri，C.P，& Gravrak，J.(2010).Capturing the promise of mobile banking in emerging markets McKinsey Quarterly.